질문하는 믿음

질문하는 믿음

박희석

어렵지만 믿음으로 살고 싶은
이들을 위한 믿음 활용 설명서

국제제자훈련원

> 추천하는 글

백 년에 한 번 올까 말까 한 코로나의 상을 지나면서, 한국교회는 회복을 넘어 부흥 대로로 가는 열망이 더욱 강해졌음을 절감합니다. 우리는 세상의 상식 너머 뱀의 꼬리를 붙잡는 믿음의 모험을 기꺼이 감행해야 홍해가 열리는 부흥을 경험할 수 있습니다. 믿음의 모험을 통해 코로나 팬데믹으로 기진한 한국교회의 숨과 맥이 또 뚫릴 것입니다.

저자는 이러한 엄중한 고민을 "인간의 전적 타락"(Fallen Condition Focus)에 초점을 둔 설교로 잘 풀어내고 있습니다. 《질문하는 믿음》은 죄로 타락한 성도가 하나님의 은혜로 비상하여 열혈 사명자로서 어떻게 살아가야 하는지 각 장에서 냉철하고 뜨거운 목소리로 잘 담아낸 수작(秀作)입니다.

오정현 | 사랑의교회 담임목사

설교자의 고민은 설교자가 될 때 비로소 알 수 있습니다. 박희석 목사님은 우리 시대의 고민하는 설교자입니다.

  고민의 현장을 동료 설교자들에게 마치 속내를 내어 보이듯 진심으로 설교자들과 소통하기를 원하는 마음이 본서에 담겨 있습니다. 어떤 설교자들에게는 생소하게 느껴지는 FCF(Fallen Condition Focus)를 펼쳐내어, 제시된 본문을 떠나지 않으면서 신학적 균형을 고민한 흔적이 엿보입니다.

  변화무쌍한 세상에서 결코 변하지 않는 진리의 말씀을 효과적으로 전달하기 위해 고민하는 모든 설교자에게 정중하게 일독을 권합니다.

오정호 | 새로남교회 담임목사

박희석 목사님은 미국에서 설교학을 배웠을 뿐 아니라 교회를 개척하고 오랜 세월 하나님의 말씀을 선포한 베테랑 설교자이십니다. 이론적 지식과 실천적 경험을 지닌 박 목사님은 《질문하는 믿음》이란 책에서 어떤 설교가 사람을 변화시킬 수 있는지 구체적인 샘플들을 보여주고 있습니다.

  단순히 성경 본문만을 문자적으로 주해하는 데서 멈추는 설교는 문헌학적 논의로 전락하고, 최근의 유행을 따라 인문학적 이론을 동원하여 삶에 적용하는 설교는 인문학적 통찰로 머물 가능성이 큽니다. 한마디로 말해 성경 본문을 신학적으로 해석하지 못하면, 설교는 결코 사람을 변화시키는 목적을 달성할 수 없습니다. 그런데 박희석 목사님은 "인간의 타락한 상황에 초점"을 맞추어 설교하는 방법을 보여줌으로 설교의 신학적 목적을 어떻게 달성할 수 있는지를 제시하고 있습니다. "인간의 타락한 상황에 초점"을 맞추는 것은 인간을 자유케 하시는 사랑의 구원주로 하나님을 제시하는 것이 일차 목표이고, 이로써 죄인이 하나님의 사람으로 변화되도록 하는 것이 궁극적 목표라는 점을 잘 보여주고 있습니다. 이런 점에서 박희석 목사님의 《질문하는 믿음》을 설교자들과 신학생들과 관심 있는 평신도분들께 기쁜 마음으로 추천합니다.

김지찬 | 총신대학교 신학대학원 구약신학과 교수

타락한 인간에 초점을 맞춘 박희석 목사님의 설교는 이 시대를 살아가는 그리스도인들의 정신을 번쩍 깨웁니다. 우리는 말씀의 해석과 통찰로 생명의 양식을 쌓아가지만, 그 말씀이 머리에서 마음으로 내려오지 못하기에 삶으로 체화되지 않은 채 그대로 남아있습니다. 그렇기에 하나님을 향한 지식은 날로 풍성해지지만, 마음은 늘 갈급함으로 목말라하는 것 같습니다.

박희석 목사님은 이런 이들에게 말씀의 거울을 비춥니다. 그리고 우리가 어떤 존재인지에 대한 깨달음부터 시작합니다. 너무 당연해서 이제는 뻔한 이야기로 치부될지 모르는 그리스도의 십자가 사랑을 깨닫게 함으로 인생의 목적과 방향, 그리고 방법까지 한 번에 해결합니다.

우리는 죄로 인해 이미 죽은 존재입니다. 그런 존재를 하나님께서 사랑하심으로 전적인, 완전한 은혜로 구원하셨습니다. 그렇기에 믿음 또한 우리의 힘이나 노력이 아닌 오직 주님의 은혜로만 가능하며, 그 은혜에 힘입어 우리가 한 걸음 내디딜 때 믿음으로 살아갈 수 있습니다.

오직 주님의 은혜로 믿음의 삶을 살아가도록 격려하는 박희석 목사님의 《질문하는 믿음》을 통해, 매일이 진리를 향한 발걸음이 되기를 소망합니다.

이찬수 | 분당우리교회 담임목사

이 책에는 실제로 믿음에 대해 의심하고 고민했던 성도들의 삶이 담겨 있습니다. 믿음으로 실제의 삶을 살아내려고 하지만, 여러 현실적인 문제에 부딪혀 절망했던 경험이 있는 모든 그리스도인에게 믿음에 대한 의심을 거두고 더 영광스러운 신앙인의 자리에 나아가도록 도전합니다.

성도들의 믿음에 대한 많은 고민, 질문에 답해야 하는 목회자들, 믿음의 삶을 권면해야 하는 교회 리더들, 믿는 자의 올바른 삶에 대해 정답을 찾고자 하는 모든 그리스도인에게 이 책은 가장 중요한 메시지와 방법을 제시해줄 것입니다.

조운 | 울산대영교회 담임목사

> 들어가는 글

"인간의 죄성에 두 발을 딛고 은혜의 하늘을 향해 점프하라"

Fallen Condition Focus, 줄여서 FCF라는 글자를 얼핏 보면 어느 지킨가게의 이름 같습니다. 오래전 미국 유학시절에 커버넌트신학교에서 설교학을 공부하는 첫 시간이었는데, 이 단어를 처음 접했을 때 제가 받았던 느낌이 바로 그랬습니다. 그만큼 저에게는 생소한 단어였습니다. 'FCF'를 문자 그대로 해석하면 '인간의 타락한 상태에 초점을 맞춘 설교'라는 뜻입니다. 그때는 이 말의 개념조차 이해하지 못해서 그것을 파악하기까지 시간이 좀 걸렸지만, 나중에 알고 나니 설교에 생명을 불어넣는 아주 중요한 기초가 된다는 것을 확신하게 되었습니다.

일반적으로 설교자가 설교 준비를 할 때 제일 먼저 하는 일은,

본문에서 저자가 무슨 이야기를 하려고 했는지 파악하는 것입니다. 그렇게 함으로써 어떤 주제의 설교를 해야 할지 정하게 됩니다. 이 작업은 설교자로 하여금 무엇을 말하고자 하는지 설교를 논리적으로 전개시킬 수 있는 준비를 갖추게 합니다. 그러나 이 단계는 본문을 청중들의 일상에 구체적으로 적용시킬 준비가 되었다고 할 수는 없습니다. 저자가 무슨 이야기를 하려고 했는지 파악했다면 그 다음으로 정말 중요한 단계의 작업이 있습니다.

다음 단계는 저자가 왜 본문을 기록했는지 파악하는 일입니다. 다시 말해서 저자가 그 진리를 주장하는 이유는 무엇이고, 성경을 읽는 수신자들이 어떻게 변화되기를 바라고 본문을 썼는지 그 목적을 파악해야 합니다. 이 작업이 바로 인간의 타락한 상황(Fallen Condition)에 초점을 맞추어(Focus) 설교를 작성한다는 의미입니다. 원저자가 본문을 기록한 이유를 깨달을 때, 비로소 설교자의 설교는 생명력을 가지게 됩니다.

예를 들어 보겠습니다. 본문에서 '하나님은 사랑이시라'라는 주제를 찾아냈다고 합시다. 분명 본문에서 무엇을 이야기하려고 하는지는 파악했습니다. 그러나 이 상태로 설교 준비가 완벽히 끝난 것은 아닙니다. 설교는 성경 신학 강의가 아니기 때문에, 설교자한 걸음 더 나아가 다음과 같은 질문을 던져야 합니다. "성경저자는 왜 이 이야기를 하는가?" "오늘날 성도들이 '하나님은 사랑이시라'라는 진리를 들어야 하는 이유는 무엇인가?" "하나님을 사랑한다고 하면서 성도들 간에 서로 사랑하지 못하는 상황 때문인가? 아니면 성도들이 하나님을 사랑의 하나님보다는 무서운 심판자로만 알고 있기 때문인가?" 단순히 논리적으로 본문이 말하고자 하는 주제를 아는 것을 넘어, 본문이 어떤 목적에서 쓰였는지 저자의 의도를 구체적으로 파악해야 합니다.

바울은 디모데후서에서 이렇게 말합니다. "모든 성경은 하나님의 감동으로 된 것으로 교훈과 책망과 바르게 함과 의로 교육하기에 유익하니 이는 하나님의 사람으로 온전하게 하며 모든 선한 일을 행할 능력을 갖추게 하려 함이라"(딤후 3:16-17). 여기서 온전하게 한다는 말씀을 유념할 필요가 있습니다. 하나님께서 우리를 온전하게 하기 위해 성경을 주셨다면, 그것은 우리가 불완전하다는 것을 전제로 한다는 뜻입니다. 사실 우리 손에 성경이 들려져 있다는 것, 우리가 오늘도 설교에 귀를 기울여야 하는 것은 우리 자신이 불완전하다는 것을 전제로 합니다. 만약 우리가 완전하다면 더 이상 성경은 필요하지 않을 것이고 설교를 들을 필요도 없습니다. 따라서 창세기 1장 1절부터 요한계시록 마지막 장 마지막 절까지 모든 성경 본문에는 반드시 인간의 타락한 상태가 나타나 있습니다. 어떤 것은 확연하게 드러나기도 하고, 어떤 것은 숨어있기도 합니다.

아담과 하와 이후로 모든 인간은 타락한 상태에서 출생합니다. 이 사실은 설교자라면 반드시 먼저 마음에 담아야 할 설교의 대전제입니다. 인간은 타락했기 때문에 완전하지 않습니다. 따라서 하나님의 말씀으로 가르침을 받아 그리스도의 온전함까지 이르러야 합니다. 이 일은 오직 하나님의 말씀이 뭇 심령의 마음 밭에 뿌려질 때, 성령께서 역사하심으로 가능해집니다.

역사가 시작된 이래로 온 인류가 타락했기에 단순히 어떤 특정한 시대나 그룹이 당면한 상황에만 국한되어 적용되는 말씀은 없습니다. 당시 하나님의 말씀을 받던 수신자들과 현재를 살아가는 현대인들 모두가 똑같은 죄성을 가진 죄인입니다. 시간이 흐르고 문화적 상황이 바뀌어도 인간의 타락한 본성은 달라진 것이 없습니다. 앞으로 예수님께서 다시 오셔서 만물을 새롭게 하시는 그날까지 살아가게 될 모든 인간은 똑같은 죄성을 가지고 살아갈 것입니다. 이것이 FCF 설교를 가능하게 하는 공통점입니다. 설교자는 이러한 사실을 항상 의식하고 설교 준비에 임해야 합니다.

따라서 설교자가 본문을 붙들고 씨름할 때는 성경 본문이 쓰인 당시 상황이나 저자가 처한 상황을 고려해야 하고, 본문의 1차 수신자와 오늘날 설교를 듣는 사람들이 공통으로 소유할 수 있는 문제(상황)는 무엇인지 찾아내야 합니다. 그렇게 함으로써 설교자는 성경에 등장하는 인물에 대해 이야기할 것이 아니라 우리 자신에 대해 이야기해야 합니다. 우리는 모두 다윗이 지은 죄를 짓고 베드로처럼 예수님을 부인하며, 도마처럼 예수님을 의심합니다. 그래서 브라이언 채플(Bryan Chapell)은 설교자의 책무에 대해 이렇게 정의합니다. "설교자는 오늘날 기독교인들이 FCF를 대처해 나가는 방법을 성경 본문에서는 어떻게 이야기하고 있는지 말해주어야 한다."

다시 한번 정리합니다. 설교자는 본문을 붙들고 씨름하려고 할 때, 먼저 본문 저자가 일관되게 이야기하려는 바가 무엇인지 파악해야 합니다. 이어서 저자가 왜 그 이야기를 하려고 했는지 이유를 파악하는 것이 무엇보다 중요합니다. 본문에서 FCF를 찾아내지 못한다면, 본문에 대한 많은 사실을 파악했더라도 그 사실들이 한곳에 모아지지 않고 파편처럼 흩어져서 저자가 청중에게 무엇을 요구하는지 정확하게 전달할 수 없을 것입니다. FCF를 정확하게 파악했을 때, 설교자는 비로소 본문에 대한 적절한 해석을 할 수 있고 설교가 시작부터 끝까지 길을 잃지 않고 일관되게 전개될 수 있으며, 본문의 내용을 청중들의 삶에 구체적으로 적용하도록 해줍니다. 따라서 FCF가 구체적으로 제시될수록 그 설교는 더욱 예리하고 힘 있는 설교가 될 수 있습니다.

그렇다면 성경에서 고발하는 인간의 죄성(FC)에는 어떤 것들이 있을까요? 대표적으로 십계명이나 갈라디아서 5장 19~21절, 로마서 1장 29~31절에 열거되는 죄목들이 있습니다. 지금까지 나름대로 초점을 맞추어 설교했던 인간의 타락한 본성을 이야기하자면 우선 성경에 드러난 모든 인간의 죄의 형태인 간음, 살인, 사기, 우상숭배, 도적질, 탐욕(소유욕, 자랑, 쾌락), 불신(의심), 불순종, 거짓말, 게으름, 무책임, 이기심, 자기혐오, 교만, 미움, 거짓말, 염려(근심, 걱정), 불안, 두려움, 원망, 불평, 분노, 비난(정죄, 판단, 비방), 열등의식(낮은 자존감), 불효, 무례함, 질투(시기), 방관, 조급함, 원수 맺는 것, 분쟁, 당 짓는 것, 술 취함, 무정, 무자비, 수군수군 등이 있고, 이외에도 현실 상황에서 얼마든지 찾아낼 수 있습니다. 위에 열거한 것들이 전부가 아닙니다. 또 위에 열거한 인간의 타락한 본성에서 나오는 상태로부터 더 세분화된 FC도 찾아낼 수 있습니다. 더 깊게, 더 구체적으로 FC를 찾아낼수록 설교는 더욱 예리해지고 힘을 얻게 됩니다.

그런데 한 가지 유의할 점이 있습니다. 설교를 인간의 타락한 상태에 초점을 맞춘다고 해서 FC를 인간의 죄에만 국한시켜 생각할 필요는 없습니다. 비록 죄가 아니더라도 인간이 타락했기 때문에 나타나는 인간의 연약함의 결과도 FC에 해당합니다. 예를 들면 인간이기에 안고 살아가야 하는 불행스러운 일들, 즉 슬픔, 질병, 우울(갱년기), 노화, 장애, 상처, 상실(죽음), 이별, 중독, 영육간의 필요, 훌륭한 부모가 되고 싶은 욕망 등입니다.

물론 선택한 본문 안에서 한 가지 FC만 나오는 것은 아닙니다. 설교자들이 똑같은 본문을 보더라도 각각 다른 FC를 생각해낼 수 있습니다. FC를 찾는 데는 설교자의 성품도 관여하고 청중이 처해 있는 상황도 관여하며, 설교자마다 갖는 강조점에 따라 달라질 수 있습니다. 그러나 중요한 것은 설교자가 어떤 FC를 선택했든 간에 본문에서 발견되는 유일한 FC는 아니라고 할지라도, 일단 FC를 선택했으면 설교자는 반드시 저자가 그 본문에서 말하고자 하는 FC인 것을 증명해야 합니다. 그렇기에 설교자는 본문에서 반드시 한 가지 이상의 FC를 찾아야 합니다.

대개 설교 준비를 위해 성경 본문을 가지고 씨름할 때, 설교자는 세 겹으로 된 안경을 끼고 본문을 보아야 합니다. 첫 번째 안경은 통일성입니다. 저자가 무엇을(What) 말하려고 하는가? 두 번째 안경은 지금까지 설명한 이유입니다. 저자가 왜(Why) 이 이야기를 하는가? 그리고 세 번째 안경은 적용성입니다. 이제 어떻게(How) 할 것인가? 이 세 가지는 설교자가 설교를 준비할 때 항상 마음에 담고 본문을 보아야 할 도구들입니다.

저는 FCF를 설명할 때, 기차가 레일 위를 달리는 그림을 그립니다. 기차는 달릴 때 아무 곳으로나 달리지 않습니다. 반드시 바퀴 아래 깔려있는 레일 위를 달립니다. 설교에 있어서 FCF가 그것과 흡사합니다. 성경 저자가 일관되게 말하고자 하는 주제는 기차의 머리입니다. 그리고 적용성은 기차가 달려가야 할 궁극적인 종착역입니다. 그렇다면 FCF는 무엇이겠습니까? 기차가 달려가는 레일입니다. 따라서 FCF는 설교가 시작될 때부터 청중들이 인지할 수 있도록 밝혀주고, 설교가 전개되는 동안 설교가 논리적인 산만함과 비약을 멀리하고 일관성 있게 전개될 수 있도록 맥을 잡아주며, 설교가 처음부터 의도한 성도들의 삶에 적용될 수 있도록 좌우를 돌아보지 않고 힘차게 달리도록 만들어줍니다.

이렇게 설교 준비를 하고 나면, 설교를 놓고 마지막으로 점검하는 시간을 반드시 가집니다. 이때 스스로에게 묻는 질문이 있습니다. "혹 내가 하나님의 말씀을 가지고 성도들을 정죄하고 있지는 않은가?" 성도들은 말씀대로 살아야 한다는 것을 잘 알고 있습니다. 그래서 한 주간 말씀대로 살아보려고 발버둥을 쳤지만, 또 실패한 마음으로 나왔습니다. 마음이 너무 무겁고 양심에 가책을 느낍니다. 그러나 실패했다고 하더라도 다시 한번 일어서고 싶습니다. 이런 성도들에게 설교자는 무슨 말을 해주어야 합니까? 만약 "당신, 말씀대로 살지 못했지? 그러고도 그리스도인이라고 할 수 있어?"라고 말하며 다시 일어설 용기는커녕 정죄감만 갖고 돌아가게 한다면 얼마나 잔인한 설교자가 되겠습니까?

설교의 목적은 변화에 있습니다. 그럼 누가 성도를 변화시킬 수 있습니까? 목사가 변화시킬 수 있습니까? 절대로 그렇지 않습니다. 변화는 오직 하나님의 은혜로만 가능합니다. 은혜 앞에 진정한 회개가 있고, 은혜만이 죄와 싸워서 이길 능력을 줍니다.

이솝우화에 나오는 〈해님과 바람〉 이야기를 잘 아실 겁니다. 하늘에 사는 온화한 해님이 사람들에게 사랑받자, 샘이 많은 바람은 누가 더 힘이 센지 내기하자고 합니다. 어떤 내기였냐면 지나가는 나그네의 외투를 누가 벗길 수 있는가 입니다. 먼저 바람이 나그네의 옷을 벗기려고 아주 세찬 바람을 불어댑니다. 그러나 외투가

벗겨지기는커녕 나그네는 더욱 강하게 옷깃을 여밉니다. 바람이 실패하자, 해가 나섭니다. 해는 따뜻한 햇볕을 내리쬡니다. 햇볕을 받으며 걸어가는 나그네는 점점 더워졌습니다. 그리고 단 몇 분 만에 옷을 하나씩 벗기 시작합니다.

성도들을 변화시키겠다고 말씀으로 정죄하는 것은 바람이 나그네의 옷을 벗기려고 바람을 세게 부는 것과 같습니다. 그러나 하나님의 말씀은 따뜻한 해처럼 조용히 내리쬡니다. 성도들은 따뜻한 그 은혜 앞에서 스스로 죄의 허물을 하나씩 벗게 됩니다.

따스한 해는 하나님의 은혜입니다. 그리고 설교는 성도들을 변화시키는 것이 목적인만큼 하나님의 은혜에 기초해야 합니다. 은혜를 이야기할 때 회개가 터져 나오고, 은혜를 받아야 다시금 실패의 자리에서 일어설 수 있는 용기를 얻습니다.

저는 항상 설교를 준비할 때, 인간의 연약함을 정죄하는 대신에 다시 도전할 수 있도록 격려하는 일에 무게를 둡니다. 말씀에 순종하게 하는 능력은 인간의 결심에서 나오는 것이 아니고 오직 하나님의 은혜로만 가능하기 때문입니다. 하나님의 은혜가 말씀 순종의 동기가 됩니다. 이것이 성령께서 친히 설교자를 통해 말씀하심으로, 인생이 변화되게 하시는 방법입니다.

하나님께 쓰임 받았던 성경의 인물들도 모두가 하나님의 은혜로 쓰임 받을 수 있었던 것이지, 결코 그들의 능력 때문이 아닙니다. 그래서 저는 설교를 할 때마다 성경에 등장하는 인물에 관심을 두지 않습니다. 그들도 죄인이기 때문에 우리가 닮고자 하는 모델이 될 수 없습니다. 대신 가능한 한 그들의 배후에서 역사하신 하나님의 모습을 찾으려고 합니다. 그럴 때 하나님의 은혜가 말씀 속에 나타나, 청중들에게 죄와 싸우고 현실 문제와 싸울 수 있는 용기를 줍니다.

저 역시 설교를 들어야 할 죄인임을 한시도 잊은 적이 없습니다. 그래서 설교 작성을 마치면, 끝으로 저 자신을 말씀을 들어야 할 청중 속에 집어넣고 다시 한번 저에게 설교하면서 최종 마무리를 합니다. 그러면 결론은 늘 한 가지입니다. 오직 은혜만이 우리를 살릴 수 있습니다.

제가 어릴 때 키가 크고 싶으면 점프를 많이 하면 된다는 말을 듣고, 계속해서 점프를 시도했던 기억이 납니다. 지면을 딛고 있는 발을 들어 종아리에 힘을 주고 하늘을 향해 점프하는 일은 쉽지 않았지만, 키가 크고 싶은 마음에 계속 시도했습니다.

그리스도인의 변화라는 것이 그런 것 같습니다. 설교의 출발은 인간의 타락한 현실에서 출발합니다. 설교는 청중들의 현실에 두 발을 딛고 시작되어야 합니다. 결코 추상적으로 뜬구름 잡는 이야기가 되어서는 안 됩니다. 청중들에게 자신의 타락한 본성을 확실히 발견하게 함으로써 무엇이 변화되어야 하는지 분명히 알도록 해야 합니다. 동시에 청중들이 변화되기 위해서는 은혜의 세계를 향해 끊임없는 점프하게 해야 합니다. 그럴 때 청중은 영적 성장을 할 수 있습니다.

우리는 날마다 하나님 앞에 죄인으로 나옵니다. 우리가 우리 자신을 변화시킬 수 없습니다. 아무리 결심하고 우리의 의지를 총동원한다고 해서 되는 일이 아닙니다. 그러나 하나님의 은혜의 세계를 향해 수도 없이 점프할 때, 어느덧 훌쩍 커버린 자신을 발견하게 될 것입니다.

스스로 질문해봅시다.
나에게 믿음은
무엇입니까?

Contents

추천하는 글   005
들어가는 글   009

PART 0 누군가에게 꼭 묻고 싶었던 것들

1. 믿음은 왜 흔들릴까?   026
2. 나는 누구를 위해 사는가   042
3. 믿음을 통해 얻는 것   057

PART 1 믿음은 언제나 뚜렷하고 명확하게 답한다

4. 믿음은 도전입니다   074
5. 믿음은 선택입니다   089
6. 믿음은 죄로부터 회개입니다   103
7. 믿음은 실패한 자리에서의 회복입니다   119

PART 2
믿음이 나로부터 멀어지게 하는 것들

8. 탐심 : 내 것이라는 착각　　　　　　　　　　　　　　134
9. 염려 : 염려가 가득한 세상에서 완전하신 하나님께 역행하기　150
10. 정죄 : 시선을 내 안으로 옮겨라　　　　　　　　　　　163

PART 3
믿음은 움직이고 또 움직이게 한다

11. 기도하다, 담대하게　　　　　　　　　　　　　　　180
12. 순종하다, 무익한 종으로서　　　　　　　　　　　　193
13. 소망하다, 시련을 겪어도　　　　　　　　　　　　　207
14. 용서하다, 용서할 수밖에 없기에　　　　　　　　　　220
15. 사랑하다, 나를 사랑하시는 주님을　　　　　　　　　234

PART 0

누군가에게
꼭 묻고 싶었던 것들

1장
믿음은 왜 흔들릴까?

18 아브라함이 바랄 수 없는 중에 바라고 믿었으니 이는 네 후손이 이같으리라 하신 말씀대로 많은 민족의 조상이 되게 하려 하심이라 **19** 그가 백 세나 되어 자기 몸이 죽은 것 같고 사라의 태가 죽은 것 같음을 알고도 믿음이 약하여지지 아니하고 **20** 믿음이 없어 하나님의 약속을 의심하지 않고 믿음으로 견고하여져서 하나님께 영광을 돌리며 **21** 약속하신 그것을 또한 능히 이루실 줄을 확신하였으니 **22** 그러므로 그것이 그에게 의로 여겨졌느니라 **23** 그에게 의로 여겨졌다 기록된 것은 아브라함만 위한 것이 아니요 **24** 의로 여기심을 받을 우리도 위함이니 곧 예수 우리 주를 죽은 자 가운데서 살리신 이를 믿는 자니라 **25** 예수는 우리가 범죄한 것 때문에 내줌이 되고 또한 우리를 의롭다 하시기 위하여 살아나셨느니라 (로마서 4장 18~25절)

어떤 선교사가 인도에서 선교할 때의 이야기입니다. 어느 날 그가 나룻배를 타고 갠지스강을 따라 내려가고 있던 때였습니다. 그 강물에는 동물의 사체, 오물, 쓰레기들이 떠다녔고 악취가 진동했습니다. 그런데 한참 노를 젓던 사공이 목이 마르다며 바가지로 더러운 강물을 떠서 벌컥벌컥 마시더라는 겁니다. 깜짝 놀란 선교사가 강물이 너무 불결하지 않냐고 하자 사공이 하는 말이, 이 강물은 신(神)이 주신 신성한 물이기에 탈이 나지 않는다고 했답니다. 누가 더 믿음이 좋은 걸까요? 갠지스강의 신을 섬기는 사공입니까, 아니면 하나님을 섬기는 선교사입니까? 무엇이 참된 믿음입니까?

기독교는 믿음의 종교입니다. 기독교 신앙은 믿음 없이 시작할 수 없습니다. 그리고 '믿음' 하면 떠오르는 인물이 있습니다. 바로 아브라함입니다. 그는 '믿음의 조상'이라고 불릴 정도로 대단한 믿음을 가지고 있었습니다. 본문에서도 바울은 아브라함의 믿음을 본받을 것을 말씀합니다. 그러나 사실 아브라함은 완벽한 믿음을 가진 사람이 아니었습니다. 실수도 많이 하고, 때로는 믿는 사람답지 못한 행동을 할 때도 있었습니다. 그런데도 성경은 그런 그의 믿음을 본받으라고 합니다.

'아브라함을 본받으라'는 말속에는 숨은 뜻이 있습니다. 그것은 그의 믿음 앞에 기가 죽으라는 이야기가 아니고, 허물 많은 아브라함도 결국 믿음의 모델이 될 수 있었으니 우리도 그렇게 될 수 있다는 자신감을 가지라는 뜻입니다. 본문도 그런 목적에서 쓰였습니다. "그에게 의로 여겨졌다 기록된 것은 아브라함만 위한 것이 아니요 의로 여기심을 받을 우리도 위함이니"(롬 4:23-24)라는 말씀처럼, 우리에게 소망을 주기 위해 기록했습니다.

아브라함도 우리와 똑같은 연약한 인간입니다. 의심할 수밖에 없는 상황에서는 의심하는 인간이었습니다. 그렇다면 그런 연약한 인간임에도 불구하고 믿음의 조상이라고 불릴 수 있었던 이유는 무엇일까요? 아브라함이 가졌던 믿음을 통해 믿음이 가진 특성이 무엇인지 살펴보고, 어떻게 하면 우리도 그러한 믿음을 가질 수 있을지 생각해 봅시다.

믿음은 미약한 수준에서 시작합니다

믿음이 무엇입니까? 보이지 않는 것을 믿는 것입니다. 기독교는 보이지 않는 것을 믿을 수 있느냐 하는 문제에서부터 출발합니다.

아브라함의 믿음은 보지 못하고 믿는 믿음이었습니다. 18절에 "아브라함이 바랄 수 없는 중에 바라고 믿었으니"라는 말씀을 조금 바꿔보면, 희망이 전혀 보이지 않는데도 믿었다는 말입니다. 이 말씀은 아브라함이 80세 정도였을 때를 배경으로 합니다. 창세기 15장에 보면 하나님께서 아브라함에게 찾아오셔서 그를 데리고 밖으로 나가십니다. 그리고 맑은 하늘에 은가루를 뿌려놓은 것 같은 별들을 보여주시며 말씀하십니다. "아브라함아, 저 별들을 셀 수 있겠니? 못 세겠지? 네 후손이 저 별과 같이 많아질 것이다."

이 약속을 받을 때 아브라함은 어떤 처지였습니까? 바랄 수 없는 상황이었습니다. 80세의 나이에 할아버지 할머니가 되었는데 어떻게 자식을 바랄 수 있을까요? 80세가 넘은 할아버지에게는 정말 황당한 이야기입니다. 그런데 아브라함은 눈에 보이는 증거가 없음에도 하나님의 말씀을 믿었습니다. 이것만 놓고 보면, 아브라함은 대단한 믿음을 소유한 것 같습니다. 그러나 이때 아브라함의 믿음은 아주 미약한 상태였습니다.

창세기로 가봅시다. 하나님께서 후손을 주겠다고 말씀하시는 순간에도 아브라함은 의심하고 있었습니다. 아브라함이 말합니다. "나는 자식이 없사오니 나의 상속자는 이 다메섹 사람 엘리에셀이니이다…주께서 내게 씨를 주지 아니하셨으니 내 집에서 길린 자가 내 상속자가 될 것이니이다"(창 15:2-3).

하나님께서 후손을 하늘의 별처럼 많이 주겠다고 약속하시는데, 아브라함은 딴소리를 합니다. 종을 아들로 입양하겠다고 합니다. 하나님의 말씀을 자기 식대로 이해합니다. 그런데 놀라운 사실은 비록 불순물이 많이 섞인 미약한 믿음이었지만, 하나님은 그 믿음을 높이 평가하셨습니다.

이처럼 하나님께서는 아무리 작은 믿음이라 할지라도 귀하게 보십니다. 예수님께서 십자가에 달려 돌아가실 때, 우편에 있던 강도가 "당신이 천국에 이를 때 나를 좀 생각해 주십시오"라고 했습니다. 이때 우편 강도가 가진 믿음이 제대로 된 믿음이라고 할 수 있을까요? 죽는 순간에 지푸라기라도 잡는 심정으로 한마디 한 것이지, 얼마나 안다고 그런 부탁을 했겠습니까? 그런데 놀랍게도 예수님은 "네가 오늘 나와 함께 낙원에 있을 것이다"라고 말씀하시면서, 보잘 것 없는 강도의 믿음을 구원을 얻을만한 의로운 행위로 여겨 주셨습니다.

 그렇다면 우리는 어떻습니까? 아브라함의 경우와 전혀 다를 것이 없습니다. 80세에 아들을 주시겠다는 말씀과, 오늘날 우리가 예수님의 십자가의 죽으심과 부활을 믿는 일은 솔직히 믿을 수 없는 이야기입니다. 그러나 우리는 하나님께서 예수님을 죽은 자 가운데서 살리신 것을 믿어야 합니다. "예수 우리 주를 죽은 자 가운데서 살리신 이를 믿는 자니라"(24절). 그런데 예수님이 십자가에 못 박히실 때, 우리는 그 현장에 있지 않았습니다. 부활하신 예수님을 본 적도 없습니다. 그럼 본 적도 없는데 어떻게 믿을 수 있습니까? "예수는 우리가 범죄한 것 때문에 내줌이 되고 또한 우리를 의롭다 하시기 위하여 살아나셨느니라"(25절). 또한 예수님이 십자가에서 죽으셨다는 것은 긍정할 수 있을지 모르지만, 그 죽음이 나의 죄 때문이라는 사실을 받아들이는 일은 결코 쉬운 일이 아닙니다. 백 걸음 양보하여 예수님이 부활하셨다는 사실을 받아들인다고 해도, 그분이 부활하심으로 내가 의롭게 되었다는 사실은 어떻게 받아들일 수 있겠습니까?

 하나하나 논리적으로 증거를 따져봅시다. 이런 것들이 과연 믿을만합니까? 손에 잡히는 것이 아무것도 없습니다. 예수를 믿는다는 것 자체가 인간 편에서 볼 때는 '바랄 수 없는 가운데 바라는 것'이고 '믿을 수 없는 것을 믿는 것'입니다. 결국 믿음생활은 비록 마음에 의심이 들기도 하고 아직 다 믿어지지는 않지만, 하나님께서 말씀하셨기에 속는 셈치고 한 번 믿어보자는 심정에서부터 출발합니다. 다 이해되지 않지만, 억지로라도 믿음의 세계 안으로 발을 들여놓는 것입니다.

우리가 한 번도 가보지 않은 어떤 장소를 찾아간다고 생각해봅시다. 무엇이 필요합니까? 내비게이션이 필요합니다. 이때 나는 내비게이션을 알고 가나요, 아니면 믿고 가나요? 처음엔 누구나 믿고 갑니다. 내비게이션이 안내하는 길이 맞을 것이라 믿고 갑니다. 그리고 내비게이션이 가르쳐주는 대로 갔더니 정말 목적지에 도착합니다. 우리가 예수님의 십자가의 죽으심과 부활을 믿는 일도 마찬가지입니다. 성경의 모든 진리는 믿음으로 이해에 이르는 것이지, 이해를 통해 믿음에 이르는 것이 아닙니다. 하나님을 보았기 때문에 믿는 것이 아니라, 믿기 때문에 비로소 보이는 것입니다.

중세 철학자이자 신학자인 안셀무스(Anselm of Canterbury)는 이렇게 말했습니다. "나는 알기 위해 믿는다." 믿는 것이 먼저입니다. 그러므로 내가 하나님에 대해, 십자가 사건에 대해, 부활에 대해 일단 믿어보자는 정도의 믿음만 가지고 있더라도 이미 대단한 믿음을 가지고 있는 것입니다. 왜냐하면 세상적인 눈으로 볼 때는 말도 안 되는 이야기를 어느 정도 수긍하기에, 하나님을 예배하는 것이기 때문입니다. 우리가 보기에는 보잘것없는 믿음이라고 할지라도, 하나님께서는 대단한 믿음으로 보시고 그 믿음을 의로 여기십니다. 그러니 자기 스스로 믿음이 형편없다고 생각한다면, 자신감을 가지길 바랍니다. 누구나 그렇게 믿음생활을 시작합니다. 하나님께서는 미약한 믿음이라도 귀하게 보십니다.

믿음은 흔들리며 성장합니다

"그가 백 세나 되어 자기 몸이 죽은 것 같고 사라의 태가 죽은 것 같음을 알고도 믿음이 약하여지지 아니하고 믿음이 없어 하나님의 약속을 의심하지 않고 믿음으로 견고하여져서 하나님께 영광을 돌리며 약속하신 그것을 또한 능히 이루실 줄을 확신하였으니"(19-21절).

앞에서 본 18절, "아브라함이 바랄 수 없는 중에 바라고 믿었으니"라는 말씀은 아브라함이 80세였을 때를 배경으로 한 말씀이고 19~21절은 아브라함이 100세였을 때를 배경으로 한 말씀입니다. 그러니 아브라함이 '바랄 수 없는 중에 바라는 믿음'을 가진 지도 벌써 20년이 흘렀습니다. 세월이 흘렀으니 상황도 더 좋아졌을까요? 아닙니다. 더 캄캄해졌습니다. 80세 때는 '그래도, 그래도' 하며 기대를 가졌는데, 100세가 되고 나니 완전히 희망이 없어졌습니다. 그래서 19절은 이 절망을 '자기 몸이 죽은 것 같다'고 표현합니다. 도무지 일어날 가능성이 없어 보입니다.

저는 하나님께서 좀 너무하신 것 같다는 생각이 듭니다. 바랄 수 없는 중에 바라는 그런 좋은 믿음을 보셨으면 1~2년 사이에 아이를 주셔야 할 것 같은데, 20년이 지나도록 아기를 안 주십니다. 왜 그러셨을까요? 여기에는 깊은 뜻이 있습니다.

아브라함이 80세에 약속을 받을 때 가지고 있던 믿음은 사실 의심 반, 믿음 반 수준의 믿음이었습니다. 이 정도의 믿음을 가지고 어떻게 '믿음의 조상'이라고 불릴 수 있겠습니까? 이런 점에서 아브라함의 믿음은 보다 성숙하고 불순한 것이 하나도 들어있지 않은, 철저한 믿음이어야 했습니다.

그리고 이런 믿음을 위해선 별 수 없습니다. 하나님께서는 기다리고 기다리게 하셔서, 의지하고 기댈만한 것은 전부 없애고 나중에는 "오직 믿습니다!" 하는 말만 나오도록 구석으로 몰아가십니다. 아브라함이 그러한 믿음을 갖도록 하는 데 20~25년이 걸렸습니다. 이렇게 오랜 세월동안 연단을 받았는데, 이때 성경은 아브라함의 믿음에 대해 뭐라고 말합니까? "믿음이 약하여지지 아니하고 믿음이 없어 하나님의 약속을 의심하지 않고 믿음으로 견고하여져서 하나님께 영광을 돌리며 약속하신 것을 또한 능히 이루실 줄을 확신하였(다)"(19-20절)고 합니다. 상황은 절망까지 갔는데 믿음은 반비례하여 더 좋아졌다고 합니다.

언뜻 볼 때, 아브라함의 믿음이 대단한 것처럼 보입니다. 그러나 아브라함의 믿음이 처음부터 그랬던 것은 아닙니다. 본문에서 아브라함이 의심하지 않았다고 하는데, 진짜 의심하지 않았을까요? 약해지지 않았다고 하는데, 진짜 약해지지 않았을까요? 창세기를 잘 읽어보면 전혀 그렇지 않습니다. 아브라함의 믿음이 약해진 때가 여러 번 있었습니다.

다시 창세기 15장 내용을 소개합니다. 하나님께서는 아브라함에게 밤하늘의 별을 보여주시며 하늘의 별처럼 후손이 많아질 것이라고 약속하셨습니다. 그런데 그 후 몇 년이 지나도 소식이 없습니다. 이때 아브라함보다 사라가 더 안달이 났을 것 같습니다. 한번 상상해봅시다. 사라가 영감의 옷자락을 잡아당기며 말합니다. "여보, 하나님의 약속만 기다리지 말고 우리도 할 수 있는 일을 해봐야 하지 않겠어요? 난 틀렸고, 누가 낳으면 어때요? 당신의 아이면 되지 않아요? 내 하녀 중에 하갈이라는 여자가 있으니 첩으로 취해서 자식을 낳읍시다." 그러자 아브라함이 어떤 태도를 취합니까? "아브람이 사래의 말을 들으니라"(창 16:2). 얼마나 믿음이 없습니까? 흔들렸습니다. 그리고 결국 이스마엘이 태어났습니다. 그럼에도 불구하고 본문은 아브라함의 믿음이 약해지지 않았다고 합니다.

또 한 가지, 아브라함의 믿음은 의심이 전혀 없었다고 하는데 정말 아브라함은 전혀 의심하지 않았습니까? 아닙니다. 창세기 17장에서 아브라함이 100세가 되었을 때, 하나님께서 다시 오십니다. 그리고 이제 얼마 지나지 않아 아들을 낳을 것이라고 말씀하실 때, 그가 얼마나 연약한 믿음의 태도를 취했는지 성경은 밝힙니다. "아브라함이 엎드려 웃으며 마음속으로 이르되 백 세 된 사람이 어찌 자식을 낳을까 사라는 구십 세니 어찌 출산하리요 하고 아브라함이 이에 하나님께 아뢰되 이스마엘이나 하나님 앞에 살기를 원하나이다"(창 17:17-18). 하나님께서 말씀하실 때 웃습니다. 흔들립니다.

그렇다면 의심을 많이 했던 아브라함을 놓고, 그가 하나님의 약속을 의심치 않고 믿었다는 뜻은 무엇일까요? 아브라함은 20년이 넘는 시간 동안 오랜 기다림의 과정을 통해 수없이 약해지고 의심하는 시련을 당했습니다. 그렇기에 성경이 말씀하고자 하는 요점은 아브라함이 강한 믿음, 의심하지 않는 믿음으로 발전했음을 말합니다. 그는 흔들리면서 성장했습니다.

오늘날 우리도 구원받기를 원한다면 믿음이 자라야 합니다. 우리는 분명 믿음으로만 구원을 받습니다. 그리고 예수를 믿는다면 그 믿음의 증거가 삶 속에서 나타나야 합니다. 어떤 증거입니까? 자라나는 증거입니다. 어제보다는 오늘, 오늘보다는 내일 아주 조금씩이지만 하나님의 말씀을 철저하게 확신하는 자리로 나아가는 증거입니다. 살아있는 씨는 반드시 자랍니다.

그러므로 꼭 기억하길 바랍니다. 의심한다고 해서, 흔들린다고 해서 믿음이 없는 것이 아닙니다. 믿음은 의심에서 100프로 해방된 것을 의미하는 것이 아닙니다.

한국교회 부흥의 큰 획을 그은 하용조 목사님이 돌아가시기 얼마 전, 어느 잡지사 기자가 찾아가 인터뷰를 한 적이 있습니다. 기자가 물었습니다. "목사님은 죽는 것이 두렵지 않으십니까?" 그러자 목사님이 이렇게 대답하셨습니다. "왜 두렵지 않겠습니까? 솔직하게 말씀드리면 순간적으로 '정말 천국이 있을까?' 하는 생각을 해본 적도 있습니다."

일생동안 목회하며 한국교회에 큰 영향을 끼치신 목사님의 대답치고는 너무 믿음이 없는 말처럼 들리지 않습니까? 목사님이 정말 천국을 믿지 못해서 그런 고백을 했을까요? 그렇지 않습니다.

분명히 알아야 할 것은 이 의심을 통해 우리의 믿음이 자라난다는 것입니다.

　우리는 일생동안 의심과 싸웁니다. 의심과 싸우면서 의심하지 않는 자리까지 갑니다. 그러니 우리는 흔들리며 믿어야 합니다. 흔들리는 것은 결코 잘못된 것이 아닙니다. 단지 내가 믿기 위해서 흔들리는 것인지, 의심을 위한 의심을 하는 것인지 잘 구분해야 합니다. 믿음은 흔들리면서 성장합니다.

믿음의 완성은 하나님의 은혜로 됩니다

아브라함은 약해지는 시련도 많았고 의심하는 고통도 많았습니다. 그런데 어떻게 훗날 아름다운 믿음의 자리에까지 갈 수 있었습니까? 그의 능력 때문일까요, 아니면 그가 기를 쓰고 노력했기 때문일까요? 아닙니다. 하나님께서 믿음을 갖게 하신 것입니다.

　아브라함의 생애를 살펴보면 그가 의심하고 괴로워 할 때, 그리고 그의 믿음이 땅바닥에 떨어질 때 반드시 하나님께서 찾아오셨습니다. 그리고 하나님의 약속을 기억나게 하시고 잃었던 용기를 북돋아 주시며, 힘을 주시는 것을 발견할 수 있습니다. 그뿐만 아니라 하나님께서는 아브라함이 의심하고 약해지는 것을 나무라신 적이 없습니다. 이를 통해 볼 때, 우리가 의심하지 않고 확고한 믿음의 자리에까지 가는 데 우리를 도와주시는 하나님의 은혜가 있지 않으면 불가능하다는 것을 알 수 있습니다.

믿음은 하나님의 은혜로 완성된다는 사실을 보여주는 구절이 있습니다. 본문 20절 중반부에 보면 "하나님의 약속을 의심하지 않고 믿음으로 견고하여져서"라고 합니다. "견고하여져서"라는 말은 수동태 동사입니다. 내가 견고해진 것이 아니고, 견고해지도록 도움을 받았다는 말입니다. 하나님께서 견고하게 하셨다는 말입니다. 그 후 21절에는 "약속하신 그것을 또한 능히 이루실 줄을 확신하였으니"라고 합니다. 한국어 성경에는 자신이 스스로 확신한 것처럼 번역되어 있지만, 헬라어 원문에는 "확신을 갖게 되었다"라는 수동형 동사로 되어 있습니다. 이는 아브라함의 믿음이 견고해지고 확신을 가질 수 있는 자리에까지 가게 된 것은, 그의 힘이 아니라 하나님의 도우심이었다는 것을 가르쳐 줍니다. 그러므로 나의 믿음은 스스로 키우는 것이 아닙니다. 하나님께서 도와주셔야 합니다.

우리는 믿음생활을 시작할 때, 정말 보잘것없는 믿음에서 출발합니다. 모든 것을 알기에 믿음의 여정을 떠나는 것이 아니라 믿고 갑니다. 그래서 우리의 믿음생활은 숱한 의심과 흔들림의 연속입니다. 때로는 방황할 때도 있습니다. 그리고 그 과정을 통해 성장합니다.

처음부터 넘어지지 않고 걷게 되는 아이는 없습니다. 엉덩방아를 찧으며 수도 없이 넘어지고, 엄마는 그때마다 얼른 아이를 일으켜 세웁니다. 그러면 또 걷다가 넘어집니다. 그러나 포기하지 않고 계속 일어나서 발을 앞으로 옮길 때, 마침내 아이는 걷고 뛰게 됩니다. 우리 하나님도 마찬가지입니다. 하나님은 우리에게 믿음을 주시고 또한 그 믿음을 온전하게 하셔서, 아브라함이 가졌던 놀라운 믿음을 가지도록 만들어 주십니다.

아브라함 못지않게 야곱도 믿음이 많이 흔들렸던 사람입니다. 야곱은 고향으로 돌아오는 길에 형이 자신을 죽일까봐 심한 두려움에 사로잡힙니다. 그때 하나님께서는 얍복강가에서 나타나셔서 그에게 이스라엘이라는 새 이름을 주십니다. 그러나 야곱은 그 후 하나님과의 약속을 잊어버리고 벧엘로 올라가는 대신 세겜으로 내려갑니다. 그곳에 머물다가 자기 딸이 성폭행을 당하는 불행을 맛봅니다. 이때 화가 난 야곱의 아들들에 의해 피의 복수극이 벌어집니다. 그러자 야곱은 세겜과 동맹을 맺은 주변 부족들이 보복하러 올까 봐 또 두려움에 빠집니다. 하나님은 그런 야곱에게 다시 나타나십니다. 그리고 그에게 벧엘로 올라가라고 말씀하시고 벧엘로 올라온 그를 향해 말씀하십니다. "네 이름을 다시는 야곱이라 부르지 않겠고 이스라엘이 네 이름이 되리라"(창 35:10).

저는 이 말씀이 참 은혜가 되었습니다. 이미 얍복강 나루에서 이스라엘이라는 이름을 주셨음에도 또 다시 넘어진 야곱에게 이스라엘이라는 이름을 상기시켜 주시며 일으키시는 하나님, 끝까지 놓지 않으시고 믿음의 자리로 이끄시는 하나님의 열심을 보며 큰 은혜를 받았습니다. 그런데 놀라운 사실이 하나 더 있습니다. 연약한 믿음을 가졌던 아브라함과 야곱이었음에도, 하나님께서는 자신의 이름 앞에 그들의 이름을 붙여 그분 자신을 표현하는 일을 주저하지 않으셨습니다. 하나님은 시내산에서 모세를 부르시고 자신을 소개하시면서 이렇게 말씀하십니다. "나는 아브라함의 하나님이요, 이삭의 하나님이요, 야곱의 하나님이라."

　이것이 왜 놀라운 사실입니까? 예를 들어 보겠습니다. 어떤 아버지가 능력이나 인격 등 모든 면에서 완벽한데, 그의 훌륭함에 못 미치는 아들이 있다고 합시다. 그 아들은 오히려 아버지의 얼굴에 먹칠을 합니다. 그러면 아버지가 "나는 누구의 아비입니다"라고 선뜻 자신을 소개하고 싶겠습니까? 그런데 하나님께서는 그 거룩하신 이름 앞에 볼품없는 믿음을 가졌던 아브라함, 이삭, 야곱의 이름을 붙이기를 망설이지 않으셨습니다. 이것은 우리가 거룩하신 하나님, 완전하신 하나님의 수준에 이를 때까지 하나님께서 우리의 믿음을 이끄신다는 것입니다.

　그러므로 이제 우리가 해야 할 일은 하나님과 함께 하는 시간을 자주 가지는 것입니다. 로마서 10장 17절에 보면 믿음은 들음에서 난다고 했습니다. 시간이 간다고 저절로 믿음이 강해지는 것이 아니며, 들어야 합니다. 하나님의 영광 앞에 나 자신을 계속 노출시켜야 합니다. 믿음은 하루아침에 완성되지 않습니다. 따라서 우리는 시시때때로 하나님 앞에 나와 앉아야 합니다. 주일 하루만이 아니라 자주 하나님을 만나야 합니다. 예배를 생명처럼 여기고, 자주 하나님과 대면하여 마주 앉아야 합니다. 이해가 안 되도 성경을 읽고, 의심이 들 때마다 습관처럼 무릎을 꿇어야 합니다. 그럴 때 하나님께서는 우리의 믿음을 견고하게 만들어 주실 것입니다. 그 믿음을 보시고 "너는 의심하지 않았어, 너는 약해지지 않았어!"라고 칭찬해주실 것입니다. 하나님께서 이 믿음을 주시기를 간절히 바랍니다. 그리고 이 믿음을 통해 하나님 나라에 당당하게 들어가는 은혜를 누리기를 바랍니다.

• 1장 •

믿음을 위한 질문, 대답하는 믿음

Q. 나의 믿음은 어떤 상황(혹은 문제)에서 흔들립니까?

A.

2장
나는 누구를 위해 사는가

9 너는 어서 속히 내게로 오라 **10** 데마는 이 세상을 사랑하여 나를 버리고 데살로니가로 갔고 그레스게는 갈라디아로, 디도는 달마디아로 갔고 **11** 누가만 나와 함께 있느니라 네가 올 때에 마가를 데리고 오라 그가 나의 일에 유익하니라 **12** 두기고는 에베소로 보내었노라 (디모데후서 4장 9~12절)

나는 예수님을 믿습니까? 그렇다면 믿는다는 것은 어떤 의미입니까? 이에 대해 여러 가지로 설명할 수 있겠지만, 저는 아주 간단한 말로 정의를 내리고자 합니다. 예수를 믿는다는 말은 한마디로 '누구를 위해 사는가'입니다. 우리는 예수를 믿기 전까지 나를 위해, 내 만족과 영광을 위해 살았습니다. 그러나 예수를 믿고 난 후 예수님을 위해, 예수님의 영광과 만족을 위해서 삽니다. 이것이 신앙생활입니다.

예수님을 위해 산다는 것을 다른 말로 표현하면 헌신이라고 합니다. 나를 드리는 것입니다. 단지 나의 일부분을 드리는 것이 아니라 우리의 몸을, 삶 전체를, 삶의 목표를 예수님께 드리는 것을 말합니다. 그러나 안타깝게도 예수님을 믿으면서도 예수님을 위해 나를 드리는 삶을 살기보다, 여전히 나의 만족을 채우기 위해 예수를 믿는 사람들이 있습니다.

생각해봅시다. 내가 하나님을 위해 존재합니까, 하나님이 나를 위해 존재하십니까? 바울은 예수를 믿은 이후의 삶에 대해 이렇게 정의합니다. "우리가 살아도 주를 위하여 살고 죽어도 주를 위하여 죽나니 그러므로 사나 죽으나 우리가 주의 것이로다"(롬 14:8). 이 고백이 우리의 고백이 되기를 바랍니다. 그렇다면 우리가 온전히 예수님을 위하는 삶을 살기 위해선 어떻게 해야 할까요?

본문을 보면 우리의 눈길을 끄는 세 사람을 발견합니다. 데마, 마가, 그리고 누가입니다. 이 세 사람은 예수님을 위해 살려고 하는 우리에게 특별한 교훈을 줍니다. 이들의 이름은 빌레몬서에도 나란히 등장합니다. "나의 동역자 마가, 아리스다고, 데마, 누가"(몬 1:24). 그렇다면 빌레몬서와 이 장의 본문인 디모데후서는 바울이 어디에서 기록한 말씀입니까? 로마 감옥입니다. 바울이 1차로 로마 감옥에 갇혔을 때 쓴 편지가 빌레몬서이고, 2차로 갇혔을 때 쓴 편지가 디모데후서입니다. 당시 바울은 옥 안에서 가까운 몇 사람과 함께 지낼 수 있도록 배려받았는데, 그때 이 세 사람이 그곳에서 바울과 함께 고생했습니다.

세 사람이 신앙생활을 시작할 때는 그 믿음의 수준이 똑같았을 겁니다. 그러나 시간이 갈수록 그들이 보여준 헌신의 모습은 각각 다르게 나타납니다. 이들의 모습이 어떻게 달랐는지 살펴보면서, 우리가 어떻게 하면 예수님을 위해 온전히 살 수 있을지 생각해봅시다. 그리고 성령께서 우리의 마음을 감동시키셔서 온전히 일생을 주님 앞에 드리고자 하는 뜨거운 열정이 우리 안에 일어나기를 간절히 바랍니다.

자신을 과신하지 맙시다

먼저 예수님을 위해 살려고 할 때, 데마에게서 배워야 할 교훈이 있습니다. 데마라는 이름은 "인기 있다"라는 뜻입니다. 그의 생애를 보면 그 이름의 뜻과 일치함을 볼 수 있습니다.

그는 처음에 바울을 통해 전도를 받아 예수를 믿게 된 것 같습니다. 그리고 처음부터 화끈하게 예수를 믿었습니다. 믿는 즉시로 바울과 함께 선교 일을 하겠다고 결심했고, 바울 곁을 떠나지 않고 따라다니던 젊은이였습니다.

그가 바울과 함께 선교한 것이 일시적인 감정은 아니었을 겁니다. 바울이 옥에 두 번이나 갇혔는데도 함께 동행한 것을 보면, 그는 분명 단단히 결심하고 선교를 시작했을 것입니다. 바울이 처음 로마 감옥에 갇혀서 고생할 때는 그의 곁을 떠나지 않고 끝까지 충성했습니다. 그런데 몇 년이 지나 바울이 두 번째로 감옥에 갇히고 더 이상 석방될 가능성이 없어 보이자, 데마의 마음이 흔들리기 시작합니다. 그러더니 불현듯 바울에게 하직인사를 고하고 훌훌 자기 고향인 데살로니가로 가버리고 맙니다.

어떤 구실을 늘어놓으며 떠났는지는 모르지만, 바울은 그가 떠난 사실을 이렇게 표현합니다. "데마는 이 세상을 사랑하여 나를 버리고 갔다." 세상을 너무 사랑하여 바울을 버리고, 다시 말해 예수를 버리고 세상으로 가버렸다는 것입니다.

데마는 갑자기 세상을 사랑하게 되었을까요? 데마가 처음 뜨겁게 예수를 믿었을 때는 세상의 유혹이 힘을 발휘하지 못했습니다. 그러나 열악한 환경에서 힘들게 선교하다 보니 믿음이 점점 약해졌고, 세상을 사랑하는 마음이 그를 사로잡았습니다. 그리고 결국 그는 본능 앞에 무릎을 꿇고 말았습니다.

그렇다면 데마가 주는 교훈이 무엇입니까? 예수님을 위해 살려고 하지만, 우리는 여전히 유혹에 넘어가기 쉬운 연약한 본성을 지니고 있다는 사실입니다. 예수님을 믿는 순간 세상에 대한 관심이 완전히 끊어진다면 얼마나 좋을까요? 그러나 하나님의 자녀가 되었어도 우리에게는 여전히 이전 삶의 관성이 남아있습니다. 세상을 향한 애착이 날마다 뱀처럼 꿈틀거립니다. 그렇기에 우리는 연약한 존재라는 사실을 잊어서는 안 됩니다. 지금 아무리 뜨거워도 그 뜨거움이 10년, 20년 지속될 거라는 보장은 없습니다.

기도의 사람 조지 뮐러(George Müller)는 말년에 자신이 살아온 구십 평생을 돌아보면서 이렇게 고백합니다. "1825년 11월에 회개하고 예수를 믿었는데, 나의 마음이 완전히 회개하고 세상에 대해 정리하게 된 것은 일 년이 지난 그 다음 해였다."

또한 존 존스(Jon Jones)라는 사람은 UFC 격투기 선수였습니다. 얼마나 싸움을 잘하는지 그를 당할 사람이 없었습니다. 챔피언 벨트도 여러 번 거머쥐었습니다. 그런 그의 오른쪽 가슴에는 성경구절이 새겨져있습니다. 빌립보서 4장 13절 말씀입니다. 얼마나 믿음이 좋으면 성경구절을 몸에 새길까요? 그러나 그는 사람들에게 인기를 끌게 되면서 점점 교만해졌고, 결국 금지약물 복용으로 챔피언 타이틀과 선수 자격을 박탈당했습니다. 바로 이것이 인간의 모습입니다.

저는 목사이기 때문에 어느 정도 세상으로부터 격리되어 있습니다. 그런데도 믿음을 지켜나가기가 참 힘듭니다. 저는 이제야 철이 드는지, 세상에 제일 못 믿을 존재가 자기 자신이라는 것을 깨닫습니다. 목사라고 모두 구원을 받을 거라 생각합니까? 인간은 너나 할 것 없이 부패한 본성을 가지고 있습니다. 목사도 얼마든지 세상의 권력과 돈을 쫓아갈 수 있다는 것을 요즘 들어 더 강하게 느낍니다. 그래서 저는 바울이 했던 고백을 자주 묵상합니다. "내가 남에게 전파한 후에 자신이 도리어 버림을 당할까 두려워함이로다"(고전 9:27).

이런 맥락에서 생각해볼 때, 세상과 직접 부딪히며 하루하루를 믿음으로 살아내는 그리스도인들이 정말 대단하다고 생각합니다. 그러나 분명한 사실은 내 힘으로 안 됩니다. 내 의지로도 되지 않습니다. 나는 또 넘어질 수밖에 없는 연약한 존재라는 사실을 인정합시다. 그리고 순간순간 하나님 앞에 엎드립시다. 하나님 앞에 엎드려 은혜를 구하는 것 외에 다른 방법은 없습니다. "세상을 사랑하는 마음을 내 힘으로 끊을 수 없사오니 주여, 은혜를 주시옵소서"라고 기도해야 합니다. 마음으로 소원하고 기도할 때, 성령께서 세상 유혹을 이길 힘을 주십니다.

넘어져도 일어섭시다

두 번째로 마가에게서 배우는 교훈이 있습니다. 마가는 로마 이름이고, 히브리어 이름은 요한입니다. 이 이름은 "예의가 바르다"라는 뜻입니다. 마가는 좋은 믿음의 집안에서 자라난 청년이었고, 마가의 어머니는 과부였지만 부유했습니다.

학자들의 견해로는 예수님이 제자들과 함께 하셨던 성만찬의 장소, 성령께서 오실 때 120명이 모여 있던 다락방, 베드로가 옥에 갇혔을 때 성도들이 모여 기도하던 교회가 바로 마가 어머니의 집이었을 것이라고 합니다. 또한 마가의 외삼촌은 바울과 함께 전도여행을 했던 바나바였습니다.

사도행전을 보면, 바울과 바나바가 소아시아 지방으로 제1차 전도 여행을 떠나려고 할 때 마가가 동행합니다. 그런데 몇 주 지나지 않아 마가가 버가라는 곳에서 예루살렘으로 도망치고 맙니다. 왜 그랬는지는 모르지만 바울이 그 일을 두고 괘씸하게 생각한 것을 보면, 동기가 좋지 않았던 것 같습니다. 아마 젊은이가 열정을 가지고 선교사들을 따라가는 것까지는 좋았는데, 가는 곳마다 고생하고 핍박을 받으니 감당하기 힘들었던 것 같습니다. 그래서 그는 바울과 바나바를 버려두고 고향으로 도망가 버립니다.

바울의 눈에는 이런 모습의 마가가 형편없는 젊은이로 보였습니다. 그래서 그 후 바울과 바나바가 두 번째 선교 여행을 떠나려고 할 때, 마가의 일로 싸우게 됩니다. 그리고 나뉘어져서 바나바가 마가를 데리고 선교 여행을 떠납니다. 그런데 빌레몬서에 보면 놀라운 반전이 일어납니다. 수년이 지나 바울이 로마 감옥에 갇혔을 때, 마가가 그곳에서 바울과 함께 합니다.

어떻게 이런 일이 일어날 수 있었을까요? 또한 바울은 두 번째로 로마 감옥에 갇혔을 때 디모데에게 말합니다. "네가 올 때에 마가를 데리고 오라 그가 나의 일에 유익하니라"(4:11). 자기에게 유익한 사람이라고, 너무 보고 싶다고 마가를 데려오라고 말합니다. 보고 싶을 정도로 그리워하는 사이가 되었습니다. 어떤 변화가 일어났습니까? 마가는 선교 여행을 갔다가 헌신할 수 없어서 되돌아갔지만, 나중에 잘못을 깨닫고 즉시 자기 자신을 다시 헌신했습니다. 그리고 또 다시 그런 실패를 하지 않도록 단단히 마음먹고 주님께 자신을 드렸습니다.

마가와 비슷한 실수를 저질렀던 사람이 베드로입니다. 그가 예수님을 따를 때 얼마나 뜨거웠습니까? 예수님께서 장차 십자가에 달려 죽을 것이라는 사실을 말씀하셨을 때, 베드로는 큰소리쳤습니다. "모두가 주를 버릴지라도 나는 주를 버리지 않겠습니다." 그러나 막상 예수님께서 법정에서 재판을 받으실 때, 베드로는 어떻게 행동합니까? 자기 목숨을 부지하겠다고 어린 소녀 앞에서 예수님을 세 번이나 부인합니다. 그러나 그 후 그는 회개하고 끝까지 예수님의 제자로서의 사명을 감당합니다. 나중에는 십자가에 거꾸로 못 박혀 순교하는 자리로까지 나아갑니다. 우리가 베드로를 대사도라고 부르는 이유는, 그가 예수님의 완벽한 제자였기 때문이 아닙니다. 비록 예수님을 부인하는 엄청난 잘못을 저질렀지만, 그가 회개하고 돌이켰기 때문입니다.

어떤 선교사님이 이런 말을 했습니다. 어떤 사람이 일생동안 자기를 위해서만 살고 예수님을 위해서는 일 년도 살지 못하다가 이 세상을 떠나게 되었을 때, 다행히 마지막 순간에 예수님을 믿고 천국에 갔다고 합시다. 그때 예수님 뵙기가 얼마나 어색하고 낯설겠습니까? 이 세상에서 예수님과 함께 했던 시간이 없다 보니, 천국에서 예수님을 만났지만 서먹해서 할 이야기가 전혀 없습니다.

마치 TV 프로그램에서 어색한 분위기를 나타낼 때 까마귀 한 마리가 날아가는 그런 느낌입니다.

이 세상에서 예수님을 위해 살다가 손해도 보고 욕도 먹고, 심지어 핍박도 받고 열심히 기도하면서 시련의 골짜기를 지나보고, 그래서 때로는 예수님께 불평도 좀 늘어놓고 때로는 사랑한다는 고백도 한 후에 천국에 가면, 예수님이 얼마나 반갑고 예수님과 할 말이 얼마나 많겠습니까?

우리에게는 아직 시간이 있습니다. 아무리 오래 살았어도 하나님을 위해 살지 않았다면, 그 인생이 무슨 가치가 있고 마지막 순간에 그 인생은 어떻게 평가가 되겠습니까? "이 세상도, 그 정욕도 지나가되 오직 하나님의 뜻을 행하는 자는 영원히 거하느니라"(요일 2:17). 아직 늦지 않았습니다. 지금까지 나의 만족과 출세를 위해 살았다면, 이제 회개하고 돌이킵시다. 그리고 예수님을 위해 삽시다. 그리스도인은 어떤 잘못이나 실수도 하지 않았기 때문에 그리스도인이 아닙니다. 우리도 분명 죄를 짓고 실수합니다. 그러나 회개하고 다시 시작할 수 있습니다. 하나님께서 언제나 우리에게 또 다시 기회를 주시기 때문입니다.

물론 나를 부인하고 예수님을 따라가는 일이 결코 쉬운 일은 아닙니다. 예수님을 따르다 보면 이전에 즐기던 세상 낙이 그리워지기도 하고, 말씀대로 순종하며 살려고 하다 보면 이런저런 손해 보는 일들도 생깁니다. 그럴 때는 다른 마음을 품게 되기도 합니다. 인간은 연약하기에 그럴 수 있습니다.

그러나 그럴 때 우리가 꼭 기억해야 할 것이 있습니다. 또 다시 시작하는 것입니다. 열 번이고 백번이고 회개하고 다시 시작하면, 마가처럼 아름다운 유종의 미를 거둘 수 있습니다. 그러니 다시 힘을 냅시다. 예수님의 영광을 위해 다시 일어서는 우리가 됩시다.

예수님을 끈질기게 구합시다

마지막으로 누가에게 배우는 교훈이 있습니다. 성경에 등장하는 매력 있는 사람들 가운데, 누가를 따라갈 사람은 없다고 생각합니다. 누가의 이름은 "빛난다"라는 뜻입니다. 그러나 그는 이름도 없이 빛도 없이 헌신했습니다.

그는 본래 의사였습니다. 당시 의사가 요즘처럼 인기 있는 직업은 아니었지만 누가가 데오빌로라는 총독에게 편지를 보낸 것을 감안하면, 그는 당시 지식인이었고 상류층이었을 것으로 추정됩니다. 그러나 누가가 바울을 통해 예수님을 믿게 된 후부터는 옛날의 그 의사가 아니었습니다. 새 사람이 되었습니다. 자기의 지식과 젊음, 재산과 생애 전부를 바울과 함께 복음을 위해 바치기로 결심합니다. 아마 그도 평생 독신으로 살았을 것으로 추정됩니다. 어쨌든 그는 복음을 위해 자기 전부를 바쳤습니다. 그리고 바울을 따라다니면서 바울의 주치의 노릇을 했고, 모두가 바울을 떠날 때도 끝까지 남았습니다. 바울이 목이 베이는 마지막 순간까지 곁에 남아있던 사람이 누가였습니다. 끝까지 충성했습니다.

그런데 제 마음에 한 가지 의문점이 생깁니다. "어떻게 누가는 일편단심 바울을 위해, 예수님을 위해 살 수 있었을까?" 그도 분명 사람이기에 얼마든지 데마처럼 세상을 사랑하여 떠날 수도 있었고 마가처럼 실수도 할 수 있었는데, 어떻게 끝까지 흔들림 없이 바울 곁에서 복음을 위해 헌신할 수 있었을까요?

누가는 연구열이 대단한 사람이었습니다. 또 우리가 잘 아는 대로 그는 예수님의 제자가 아니었습니다. 그런데도 그는 사복음서 중 하나인 누가복음을 기록했습니다. 누가는 예수님을 소개받은 후 예수님이 어떤 분인지 알고 싶어서 쫓아다니며 자료를 수집했고, 틈만 나면 자기 돈을 들여 여행하면서 예수님을 알았던 많은 사람을 만났습니다. 그리고 그렇게 해서 기록한 것이 누가복음입니다. 뿐만 아니라 바울과 함께 일생동안 다니면서 바울이 복음을 전하는 현장 이야기를 기록해두었다가 사도행전을 썼습니다. 정말 놀라운 사람입니다.

이렇듯 누가가 데마나 마가가 걸어갔던 길을 가지 않을 수 있었던 것은, 그가 예수 그리스도를 만난 후 철저하게 그분에 대해 알려고 했기 때문입니다. 예수님이 정말 메시야인지, 그분이 행하신 모든 기적과 그분이 전파하신 복음이 정말 사실인지 예수님의 실체와 능력을 알고자 했습니다. 처음부터 한번 따라가 보자는 마음으로 예수님을 따라간 사람이 아니었고, 자기 일생을 걸고서라도 과연 따라갈 분인지 알기를 원했습니다. 그와 같은 갈급함과 열정이 누가로 하여금 끝까지 예수님께 헌신하도록 만들었습니다.

누가의 이러한 모습을 배우기를 원합니다. 우리에게 이러한 진지함이 있었으면 좋겠습니다. "내가 믿는 예수가 어떤 분인가?" "내가 필요할 때 한 번씩 나와서 기도하고 내 필요를 채우는 대상인가?" 아니면 "내가 일생을 걸고 섬겨야 할 나의 구원자인가?"

예수를 알려고 해야 합니다. 이런 끊임없는 추구 없이 예수님을 믿기 때문에, 데마처럼 중도에 포기해버리는 일이 일어나게 됩니다. 누가에게는 "이분이면 내 일생을 걸어도 아깝지 않겠다"는 열정이 있었기에, 예수님을 따르는 일에 있어서 끝까지 변함이 없었습니다. 마지막까지 주를 위하여 자기가 가진 전부를 희생할 수 있었습니다. 우리에게는 예수님을 향한 갈망(passion for Jesus)이 있습니까?

나는 무엇을 위해 살기 원하지는 돌아봅시다. 무엇을 위해 살아야 이 세상을 띠날 때 후회 없는 인생을 살았다고 고백할 수 있는지 생각해봅시다. 우리는 예수님을 위해 살아야 합니다. 분명 후회하지 않을 것입니다. 나를 죄악에서 건져주신 예수님, 나를 위하여 자기 생명을 완전히 희생하신 주님, 하나님 나라에서 나를 위해 영원한 상급을 들고 기다리시는 그 주님께 나의 삶의 의미가 있다는 고백이 있기를 간절히 바랍니다.

우리는 세 사람의 헌신을 살펴보았습니다. 사실 그들도 모두 타락한 죄인입니다. 그런데 왜 이들의 헌신은 서로 다른 모습으로 나타났을까요? 왜 데마는 세상으로 갔고, 마가는 회개하고 다시 바울에게로 돌아왔으며, 누가는 끝까지 신실하게 바울을 섬길 수 있었을까요? 이들을 갈라놓은 기준은 단 하나, 인생의 목표를 분명하게 설정하고 그 목표를 향해 달려가려고 했는가에 있었습니다.

〈불의 전차〉라는 영화를 보면, 등장인물인 에릭 리델이 영국 대표로 1924년 파리올림픽의 100미터 육상경기에 출전합니다. 워낙 잘 달렸기에, 사람들은 그가 금메달을 딸 것이라 예상했습니다. 그런데 100미터 경기가 주일에 잡히자 그는 경기를 포기합니다. 사람들은 그를 비난했고, 심지어 영국 왕자까지 나서서 조국을 위해 개인을 희생해줄 것을 설득합니다. 그러나 리델은 신앙을 포기할 수 없다며 단호하게 거절합니다. 그리고는 주 종목도 아니고 한 번도 뛰어보지 않은 400미터 경기에 출전하여 우승하고, 금메달을 목에 겁니다.

그때 리델이 결승점에 들어오면서 손에 꼭 쥐고 있던 종이가 있습니다. 성경구절을 적은 종이인데, 사무엘상 2장 30절 말씀이 적혀 있었습니다. "나를 존중히 여기는 자를 내가 존중히 여기고 나를 멸시하는 자를 내가 경멸하리라"(삼상 2:30). 오직 하나님을 위해 사는 것, 바로 그것이 리델이 일생을 두고 달려간 목표였습니다.

어떤 사람은 이런 생각을 할 수도 있습니다. '주일날 100미터 결승에서 열심히 달려 금메달을 따고 하나님께 영광을 돌려도 되지 않을까'라고 말입니다. 물론 그럴 수도 있었을 겁니다. 그러나 만약 그가 금메달을 딴 후에 하나님께 영광을 돌렸다면, 그는 그저 금메달을 딴 사람으로 기억되었을 것입니다. 그러나 그는 100미터 금메달을 포기하고 한 번도 달려보지 않은 400미터를 달려 금메달을 땄기에, 하나님의 사람으로 기억되었습니다.

　나는 지금까지 누구를 위해 살아왔습니까? 또 앞으로 무엇을 보며 달려가고 누구를 위해 살아야 합니까? 이제 예수님을 위해 삽시다. 예수를 믿어도 내가 누구를 위해 살아야 하는지 삶의 목표가 분명하지 않다면, 우리 믿음의 경주는 실패로 돌아가고 말 것입니다. 우리의 남은 생애를 나의 영광과 만족을 위해 사는 것이 아니라 나를 구원해주신 예수님을 위해, 그분의 기쁨과 영광을 위해 살다가 예수님을 반갑게 맞이하는 우리가 되기를 간절히 원합니다.

• 2장 •

믿음을 위한 질문,
대답하는 믿음

> Q. 내 인생의 목표는 무엇입니까?
> 또한 누구를 위한 목표입니까?

A.

3장
믿음을 통해 얻는 것

1 예수께서 여리고로 들어가 지나가시더라 2 삭개오라 이름하는 자가 있으니 세리장이요 또한 부자라 3 그가 예수께서 어떠한 사람인가 하여 보고자 하되 키가 작고 사람이 많아 할 수 없어 4 앞으로 달려가서 보기 위하여 돌무화과나무에 올라가니 이는 예수께서 그리로 지나가시게 됨이러라 5 예수께서 그곳에 이르사 쳐다 보시고 이르시되 삭개오야 속히 내려오라 내가 오늘 네 집에 유하여야 하겠다 하시니 6 급히 내려와 즐거워하며 영접하거늘 7 뭇 사람이 보고 수군거려 이르되 저가 죄인의 집에 유하러 들어갔도다 하더라 8 삭개오가 서서 주께 여짜오되 주여 보시옵소서 내 소유의 절반을 가난한 자들에게 주겠사오며 만일 누구의 것을 속여 빼앗은 일이 있으면 네 갑절이나 갚겠나이다 9 예수께서 이르시되 오늘 구원이 이 집에 이르렀으니 이 사람도 아브라함의 자손임이로다 10 인자가 온 것은 잃어버린 자를 찾아 구원하려 함이니라 (누가복음 19장 1~10절)

어떤 부자가 여덟 살 된 외아들을 남기고 세상을 떠났습니다. 그 부자는 세상을 떠나기 전, 아들에게 '아무도 믿지 말라'는 유언을 남겼습니다. "너를 가까이 하는 사람은 모두 네 재산이 탐나서 접근하는 사람들이니, 절대로 사람을 믿어서는 안 된다."

그 후 아들은 불행하게도 아버지의 유언을 평생 마음에 품고 살았습니다. 평생 누구도 믿지 않았습니다. 그것은 병이 되어 자식도 믿지 못했고 아내도 믿지 못했습니다. 그 결과, 아들은 아버지가 물려준 재산을 지켜내는 데는 성공했지만, 가정과 인생을 지키는 데 실패하고 말았습니다.

본문에 등장하는 삭개오라는 이름은 '의로운 자', '순결한 자'라는 뜻입니다. 이름의 뜻으로 보아, 그는 하나님을 잘 섬기는 가정의 자녀로 태어난 것 같습니다. 그러나 그는 이름에 걸맞지 않은 삶을 살았습니다. 삭개오가 왜 자기 인격과 가문을 팔아가면서까지 돈을 버는 데 올인하게 되었는지는 분명하지 않습니다. 키가 작다는 열등감 때문인지, 이스라엘을 버리신 하나님에 대한 반항심 때문인지, 아니면 소망 없는 나라에서 오직 돈 버는 것 외에는 성공할 수 있는 방법이 없다는 판단 때문인지는 모르겠지만, 그는 돈에 자기 인생을 건 사람이었습니다.

삭개오는 세리가 되기로 결심한 후 동족과 친구를 등지고, 사람들의 손가락질도 감수하면서 그 길을 걸어갔습니다. 그리고 마침내 큰 부자가 되었습니다. 세리장이라는 사회적 지위와 경제적인 부를 얻었습니다. 그러나 피곤함과 공허함이 그의 마음을 짓눌렀습니다. 만약 그가 정말 돈으로 만족했다면, 굳이 예수님을 만나겠다고 뽕나무 위로 올라가지 않았을 것입니다.

오늘날도 많은 사람이 성공하기 위해 돈을 인생의 목표로 정해놓고 달려갑니다. 그 목표를 손에 넣기 위해, 사랑도 우정도 심지어 믿음도 외면한 채 앞만 보고 달려갑니다. 그러나 그 마음에 행복은 없습니다. 나름대로 목표를 이뤄보겠다고 아등바등 살지만, 그 마음에 남겨진 것은 공허함입니다.

이 같은 사실은 솔로몬 왕이 증명해줍니다. 어쩌면 그는 이 세상에서 인간이 누릴 수 있는 행복을 모두 누리고 살았던 사람입니다. 그러나 그는 인생을 이렇게 정의합니다. "사람이 해 아래에서 행하는 모든 수고와 마음에 애쓰는 것이 무슨 소득이 있으랴 일평생에 근심하며 수고하는 것이 슬픔뿐이라 그의 마음이 밤에도 쉬지 못하나니 이것도 헛되도다"(전 2:22-23). 인생에 바라는 모든 성공을 이룬 솔로몬이었지만, 결국 그의 마음에 남은 것은 허망한 수고로움뿐이었다고 고백합니다.

본문에서 예수님은 십자가를 지기 위해 예루살렘으로 올라가시는 길이었습니다. 그리고 그 길 중간에 여리고를 통과하게 되셨는데, 이 소식이 온 동네에 퍼졌습니다. 고대사회에서는 유명한 사람이 나타나면 모두 몰려나와 구경하는 것이 관습이었습니다. 그래서 예수님께서 지나가신다는 소문을 들은 사람들이 여기저기서 몰려나왔고, 인산인해를 이루었습니다. 삭개오도 그 소문을 듣고 예수님을 보기 위해 달려나왔습니다. 그러나 키가 작아서 볼 수 없게 되자, 그는 뽕나무 위로 올라갑니다. 그리고 그때, 놀라운 일이 벌어집니다. 예수님께서 나무 위에 올라간 삭개오에게 다가오셔서 그를 만나주시고, 그의 공허한 마음을 치유해주십니다.

그렇습니다. 예수님은 우리의 영혼을 구원하실 뿐만 아니라 우리 마음의 병을 고치심으로, 이 세상에서도 천국의 평강을 누리며 살게 하시는 분입니다. "주 여호와의 영이 내게 내리셨으니 이는 여호와께서 내게 기름을 부으사…나를 보내사 마음이 상한 자를 고치며"(사 61:1).

우리는 그리스도를 통해 구원받은 자들입니다. 그러나 우리가 이 말씀에 귀를 기울여야 하는 이유가 있습니다. 예수를 믿으면서도 잘못된 인생의 목표를 향해 달리다가, 그것이 주는 허탈함에 지치고 상한 심령들이 많기 때문입니다. 그러므로 삭개오를 찾아주신 예수님께서 우리의 상한 심령 가운데 찾아와 주시기를 간절히 바랍니다. 그래서 우리의 인생을 짓누르는 공허함으로부터 자유하게 하시고, 우리 마음에 평안과 쉼을 주시기를 바랍니다.

그렇다면 예수님께서는 우리의 상한 마음을 어떻게 치유하십니까?

나의 이름을 불러주십니다

예수님께서는 뽕나무 위에 올라간 삭개오에게 가까이 다가오시더니 "삭개오야" 하고 그의 이름을 부르십니다. 복음서를 보면 예수님은 길에서나 집안에서나 많은 사람을 만나셨습니다. 그러나 길에서 처음 본 사람의 이름을 불러주신 경우는 거의 없습니다. 삭개오는 예외적인 경우입니다. 예수님께서 왜 삭개오의 이름을 불러주셨는지 정확하게 알 수는 없습니다. 그러나 이 사실을 통해 배울 수 있는 진리가 있습니다. 예수님께서 우리 한 사람 한 사람을 삭개오와 같이 특별히 알고 계신다는 것입니다. 한국교회 성도 중 한 사람으로 아시는 것이 아니라, 하나님과 일대일 관계에서의 한 사람으로 알고 계십니다. 성경에서는 머리카락 한 올까지도 다 세신 바 되었다고 말씀합니다. 그만큼 우리는 하나님 앞에 특별한 존재입니다.

게다가 예수님께서 삭개오의 이름을 부르신 것은 그의 이름만 알고 계신다는 것이 아닙니다. 그가 왜 뽕나무 위로 올라갔는지, 그가 처해있는 형편과 그의 지치고 외로운 마음을 공감하시며 그 마음을 헤아리고 계신다는 것입니다. 이처럼 예수님은 우리의 상한 마음을 아시고 눈물을 아시며, 우리의 작은 신음소리도 놓치지 않으십니다.

김춘수 시인의 〈꽃〉이라는 시처럼, 삭개오도 예수님이 그의 이름을 불러주시기 전까지는 아무 의미 없는 몸짓, 무의미한 삶이었습니다. 그러나 예수님을 만난 순간, 그는 아름다운 한 송이 꽃으로 피어납니다. 그렇다면 예수님께서는 어떤 마음으로 삭개오를 찾아오셨을지 생각해봅시다. 죄를 지적하기 위해 찾아오셨을까요? 하나님을 잘 섬기는 가문에 태어났음에도 불구하고, 믿음생활을 못하는 삭개오를 혼내려고 찾아오셨을까요? 아닙니다. 예수님은 삭개오를 비난하거나 정죄하지 않으셨습니다. 과거도 묻지 않으셨습니다.

우리는 왜 예수님께 나아가야 합니까? 나를 너무나 잘 아시기 때문입니다. 나의 연약함과 형편, 나의 한숨소리와 눈물을 아십니다. 그래서 우리는 예수님을 만나야 합니다. 그분께 나의 상한 마음을 내려놓아야 합니다.

저는 본문을 묵상하면서 참 감사한 마음이 들었습니다. 삭개오는 예수님을 만나기 위해 뽕나무 위로 올라가는 수고를 해야 했습니다. 어른이 그런 행동을 했다는 것은 체면을 포기했다는 것입니다. 그러나 우리는 그런 수고를 하지 않아도 됩니다. 한 가지 상상을 해보았습니다. 만약 예수님이 지금까지도 승천하시지 않고 계속 지상에 계셨다면 어떻게 되었을까요? 이스라엘까지 비행기를 타고 가야하고, 아마 지금 신청하면 대기자 명단에 이름을 올려놓고 120년은 기다려야 할지도 모릅니다. 그런데 감사하게도 예수님은 승천하심으로 지금 영으로 우리와 함께 하십니다. 약속 시간을 잡을 필요도 없고, 먼 곳까지 시간을 내서 갈 필요도 없습니다. 예수님은 영으로 우리와 함께 하시기에, 언제라도 조용히 "예수님!" 하고 부르면 만나 뵐 수 있습니다.

예수님을 만나는 데 우리에게 필요한 것은 한 가지입니다. 본문 3절은 "그가 예수께서 어떠한 사람인가 하여 보고자 하되"라고 합니다. 우리말 성경에는 예수님이 지나가신다고 하니 마치 그때 호기심이 발동하여 뽕나무 위로 올라간 것처럼 기술하고 있지만, 원어는 삭개오가 오랜 시간 동안 예수님에 대해 알고 싶어 했다고 밝히고 있습니다. 삭개오의 마음에 절박함이 있었던 것입니다. 우리도 마찬가지입니다. 절박함 하나면 됩니다. 예수님을 만나야 한다는 절박함, 허탈한 마음을 가지고는 더 이상 살 수 없다는 간절함이 있어야 예수님을 만날 수 있습니다.

우리가 예수님을 만나 마음을 열어드릴 때, 그분이 나의 이름을 부르십니다. 나에게로 들어오십니다. 그리고 그때, 상한 나의 마음에 치유가 일어나기 시작합니다.

나의 이야기를 들어주십니다

예수님은 5절에 "내가 오늘 네 집에 유하여야 하겠다"고 하십니다. "I must stay." 반드시 머물러야 하겠다고 하십니다. 여기서 '머문다'는 말은 함께 시간을 보내는 것이고, 머무는 동안 먹고 마시며 대화한다는 뜻입니다.

참 놀라운 일입니다. 삭개오가 예수님을 초청한 것도 아닙니다. 게다가 사람들은 예수님이 죄인의 집에 들어가신다고 수군댑니다. 그런데 예수님은 반드시 머물러야겠다는 강한 의지를 보이십니다. 이 말씀의 뜻은 무엇입니까? 적극적으로 우리의 상한 마음을 치유해주시겠다는 의지의 표현입니다.

그 후 삭개오는 예수님과 시간을 보냅니다. 함께 먹고 마시면서 대화합니다. 그는 이제 예수님 앞에 숨길 것이 아무것도 없습니다. 이미 다 알고 계신 예수님, 많은 사람 앞에서 "삭개오야!" 하며 이름을 불러주신 전지전능하신 예수님 앞에 무엇을 숨기겠습니까? 그렇기에 삭개오는 그동안 자기가 받아온 비난과 따돌림의 고통들, 지금까지 돈을 쫓느라 사랑과 의리 그리고 믿음마저 내동댕이쳤지만 결국 마음에 남은 것은 공허함과 허망한 수고로움 밖에 없었음을 이야기했을 것입니다.

이렇듯 우리의 상한 마음을 치유 받기 위해서는 제일 먼저 해야 할 일이 있습니다. 제일 중요한 일입니다. 이 일이 선행되지 않으면 치유는 일어나지 않습니다. 그것은 바로 상담자에게 자기 마음을 드러내는 일입니다. 상담자를 신뢰하는 가운데 자신의 실패와 말 못할 고민 등을 털어놓는 동안 치유가 일어납니다.

우리도 마음이 상할 때 누군가에게 털어놓고 싶고, 누군가 나의 아픈 마음을 알아주면 좋겠다는 생각이 들지 않습니까? 그러나 사람에게 넋두리를 늘어놓아야 아무 소용이 없습니다. 나의 상한 마음을 헤아릴 수 있는 사람은 아무도 없습니다. 나는 나 혼자입니다. 마음이 찢겨서 피가 흐르는데도 찾아갈 곳이 없습니다. 그러니 그때 예수님을 찾아야 합니다. 믿음의 눈을 뜨고 그분을 바라보면서 실컷 울기도 하고 넋두리도 늘어놓고 마음속에 있는 실패감, 허탈함, 억울함을 다 털어놓아야 합니다. 그러다 보면 나도 모르게 마음에 평안이 찾아오는 것을 체험하게 됩니다. 주님께서 나의 상한 마음을 만져주심을 느끼게 됩니다.

성경에 아이를 낳지 못해 고통당했던 여인이 있습니다. 바로 한나입니다. 당시에는 여자가 아이를 낳지 못하면 사람 대접을 못

받는 사회였습니다. 게다가 같이 사는 남편의 첩은 아이를 잘 낳았습니다. 마음이 더 상하고 억울해서 자주 울고 식음을 전폐할만한 상황입니다. 그런데 한나는 이 문제를 어떻게 해결합니까? 성전으로 나아가 상한 마음을 하나님 앞에 쏟아놓았습니다. 얼마나 간절하게 쏟았는지, 옆에 있는 사람이 볼 때는 술 취한 사람처럼 보일 정도였습니다. 또한 한나는 기도한 후에 집으로 돌아가 "먹고 얼굴에 다시는 근심 빛이 없더라"(삼상 1:18)라고 했습니다. 어떤 응답을 받은 것도 없습니다. 그런데도 더 이상 근심하지 않습니다. 무슨 일이 일어난 겁니까? 한나가 마음을 단단히 고쳐먹은 걸까요? 아닙니다. 마음을 쏟아놓는 동안 하나님께서 그의 마음을 만져주신 것입니다.

우리는 하나님께 나아가 기도할 때, 무엇을 들으려고 할 필요가 없습니다. 그냥 마음을 쏟아놓으면 됩니다. 그걸로 충분합니다. 서는 하나님께서 아무 말씀도 하지 않으시는 것이 우리의 마음을 치료하시는 최고의 방법이라고 믿습니다. 나의 억울함을 놓고 부르짖으며 기도해도 좋고, 너무 지쳐서 아무 말도 하지 못하고 그저 눈물로 주님께 나아가도 좋습니다. 예수님 앞에 나의 상한 마음을 내어놓으면, 주님께서 그 마음을 어루만지십니다.

참된 평강을 누리게 하십니다

6절은 예수님께서 삭개오의 집에 머물겠다고 하셨을 때 그가 "급히 내려와 즐거워하며 영접하거늘"이라고 했습니다.

삭개오는 오직 재물을 얻기 위해 매국노라는 비난과 죄인 취급을 당하는 엄청난 대가를 치렀습니다. 얼마나 피곤하고 마음이 상하는 일인지 모릅니다. 그래서 돈은 많아도 그 마음에 즐거움은 없었습니다. 그런데 여기에 재미있는 사실이 하나 있습니다. 삭개오는 예수님을 만나면서 진짜 즐거움이 무엇인지 알게 되었습니다. 동시에 그동안 자신이 즐겁게 살지 못한 이유도 깨닫게 되었습니다. 그것은 그토록 추구했던, 자신을 행복하게 해줄 것이라 믿었던 돈이었습니다.

본문을 봅시다. 아마도 식사가 끝나갈 때쯤이거나 후식을 먹을 때였을 것 같습니다. 갑자기 삭개오가 많은 사람 앞에 일어섭니다. 그리고 이렇게 선포합니다. "소유의 절반을 가난한 자들에게 주겠사오며 만일 누구의 것을 속여 빼앗은 일이 있으면 네 갑절이나 갚겠나이다"(8절).

많은 사람 앞에서 자기 이름을 걸고 공포하는 약속입니다. 한국말 성경에는 미래형으로 되어 있어서 '장차 갚겠다'는 뜻으로 이해될 수 있지만, 원문의 동사 시제는 '지금 당장'이라는 뜻이 내포되어 있습니다. 그래서 영어성경 NIV에는 "here and now"라는 말이 있습니다. 뒤로 미루지 않고 "지금 이 자리에서 당장"이라는 뜻입니다. 분명 삭개오는 이 말이 끝나자마자 종들을 불러서 자기가 말한

대로 시행했을 것입니다.

예수님께서 삭개오에게 눈치를 주신 것이 아닙니다. 삭개오는 진정한 기쁨을 깨닫고 나서, 스스로 자기 마음의 우상을 깨뜨립니다. 예수님께서 그의 마음을 만지신 겁니다. 여기서 삭개오의 행동이 대단한 이유가 있습니다. 사람이 지금까지 자기의 인생을 걸고 추구해온 가치를 한 순간에 포기한다는 것은 결코 쉬운 일이 아니기 때문입니다.

어떤 집사님이 등산을 갔다가 발을 헛디디는 바람에 절벽 아래로 떨어졌습니다. 다행히 겨우 나무 뿌리를 붙잡고 공중에 매달리게 되었습니다. 순간 집사님은 너무 급해서 하나님께 기도했습니다. "하나님, 살려주세요." 그때 하나님께서 나타나셔서 말씀하십니다. "그래, 내가 살려주마. 이제 믿음생활 잘 할 거냐?" "네, 잘하겠습니다." "그럼 이제 구해줄 테니 내가 시키는 대로 해라. 그 나무 뿌리를 놓아라. 그러면 내가 너를 받아줄 것이다." 그러자 이 집사님이 잠시 생각하더니 말합니다. "다른 분 없어요?"

자기 손에 쥐고 있는 것을 놓는다는 것은 그만큼 어려운 일입니다. 그렇기에 자기 재산의 반을 나누겠다고 한 것은 삭개오가 스스로 결단한 것 같지만, 사실 예수님께서 그렇게 하도록 그 마음을 만져주신 겁니다. 치유가 일어난 것입니다.

많은 사람이 자기가 지금까지 의지했던 것들을 놓지 못하는 이유는 모든 것을 잃게 될까 봐 두렵기 때문입니다. 그래서 예수님 앞에 자기 짐을 내려놓는 것을 망설입니다. 본문을 보면 삭개오는 예수님께 자기의 전 재산을 팔아 가난한 이웃들에게 나눠주겠다고 하지 않습니다. 재산의 절반을 나누겠다고 합니다. 쉽게 표현하면, 자기도 먹고 살아야겠다는 것입니다. 그런데 예수님이 말씀하십니다. "오늘 구원이 이 집에 이르렀다."

저는 이 구절 속에, 예수님 안에서 새 소망과 참된 기쁨을 찾으려는 사람에게 주는 중요한 메시지가 있다고 생각합니다. 지금까지 교회는 예수님을 따르는 일을 너무 극단적으로 해석했습니다. 모든 것을 버리고, 심지어 자기 목숨도 버리고 거지가 되어야 예수님을 따를 수 있다고 생각했습니다. 물론 그렇게 특별한 부르심을 받는 사람도 있습니다. 그러나 모두가 그렇게 해야 된다면, 교회는 어떻게 꾸려나가며 또 선교사는 누가 돕겠습니까? 그러므로 삭개오 이야기의 초점은 이것입니다. 더 이상 돈의 노예가 아니라, 돈을 다스리는 사람이 된다는 것입니다. 이제는 돈에 목숨을 걸지 않습니다. 더 이상 돈이 인생의 목표가 아닙니다. 돈을 섬기는 것이 아니라 하나님을 섬깁니다. 돈은 하나님을 섬기는 수단이 된 것입니다. 이제는 예수님 안에서 누리는 평강이, 돈이 주는 평강과는 비교할 수 없는 진짜 평강이라는 것을 알게 됩니다.

어떤 여자가 편의점에 들려 로또를 샀는데, 20억 원에 당첨되었습니다. 그녀는 얼른 차를 타고 집으로 갔습니다. 그리고 문을 박차고 들어가면서 남편에게 말합니다. "여보, 내가 20억 원에 당첨됐으니 빨리 짐 싸요." 남편은 너무 흥분이 되어 말합니다. "그래? 짐은 어떻게 챙길까? 해수욕용으로? 아니면 등산용으로 챙길까?" 그러자 그녀가 말합니다. "그건 당신이 알아서 챙기고, 얼른 이 집에서 나가!"

이것이 바로 돈이 우상이 된 사람들의 이야기입니다. 그러나 예수님을 만난 사람은 그 마음에 우상이 없어집니다. 삭개오도 지금까지 돈이라는 우상을 섬기고 있었습니다. 그것이 자신을 행복하게 해줄 거라 믿고 살았습니다. 그런데 예수님을 만나고 그 마음이 치유될 때, 스스로 자기 우상을 제거합니다. 왜 그렇습니까? 돈으로도 채울 수 없던 심령에 예수님으로 인한 평강이 생겨났기 때문입니다. 예수님을 만나면 이런 변화가 우리 안에 일어납니다.

나의 마음에는 평강이 있는지 돌아봅시다. 그리고 아직도 입으로는 예수님을 믿는다고 고백하면서도, 돈 앞에서는 믿음도 양심도 온데간데없이 사라진다면 성령께서 마음의 우상을 깨뜨려주시기를 바랍니다.

구약성경에는 예수님께서 이 땅에 구원자로 오신다는 사실이 수십 차례 예언되어 있습니다. 그런데 장차 오실 예수님을 예언한 말씀 중에, 우리의 눈길을 끄는 놀라운 표현이 있습니다. 이사야서 말씀입니다. "이는 한 아기가 우리에게 났고 한 아들을 우리에게 주신 바 되었는데 그의 어깨에는 정사를 메었고 그의 이름은 기묘자라, 모사라, 전능하신 하나님이라, 영존하시는 아버지라, 평강의 왕이라 할 것임이라"(사 9:6).

말씀에 보면, 예수님을 네 가지 정도의 이미지로 그리고 있습니다. "기묘자이며 모사" "전능하신 하나님" "영존하시는 아버지"

"평강의 왕"입니다. 여기서 '기묘자', '모사'라는 말은 영어성경 NIV에서 'Wonderful Counselor'(상담자)라고 되어있는데, 이 말이 제 눈에 들어왔습니다.

'전능하신 하나님, 영존하시는 아버지, 평강의 왕'이라는 표현은 감히 가까이 다가갈 엄두조차 낼 수 없을 정도로 높으신 분이라는 인상을 주는 것 같습니다. 그런데 상담자는 가까이 다가와 내 이야기에 귀를 기울여주고 공감해주며, 나의 상처를 치유해주는 존재입니다. 이것은 전능하신 하나님, 영존하시는 아버지, 평강의 왕이신 예수님께서 높은 보좌를 버리시고 낮고 천한 인간의 몸으로 이 땅에 오셔서 우리가 경험하는 모든 슬픔과 피곤함, 배고픔과 배신, 심지어 십자가에 달려죽는 고통까지 당하셨다는 것입니다. 우리의 진정한 상담자가 되시기 위해 친히 인간들이 겪는 모든 고통을 당하셨습니다. 그래서 예수님은 우리의 형편을 너무나 잘 아신다는 것입니다.

이 말씀을 뒷받침해주는 말씀이 또 있습니다. 요한복음 14장입니다. "내가 아버지께 구하겠으니 그가 또 다른 보혜사를 너희에게 주사 영원토록 너희와 함께 있게 하리니"(요 14:16). NIV에서는 '보혜사'를 'Counselor'(상담자)라고 번역했습니다. 예수님은 성령으로 지금 우리와 함께 하시는데, '상담자'로 함께 하십니다. 예수님께서 우리의 이름을 부르시고 우리의 이야기에 귀를 기울이시며, 우리를 치유하셔서 참된 평강을 주십니다.

예수님은 뽕나무에 올라간 삭개오를 향해 외치셨습니다. "삭개오야 속히 내려오라 내가 오늘 네 집에 유하여야 하겠다"(5절). 이 말씀에는 이런 뜻이 내포되어 있습니다. "이제라도 늦지 않았다. 이제 더 이상 허망한 마음으로 괴로워할 필요가 없어. 네 마음이 쉼을 얻어야지. 너의 깨어진 마음이 회복되어야지. 너의 상한 마음을 내게 다 털어놓으렴. 내가 너에게 쉼을 주마. 평강을 주마. 네게 기쁨을 주마." 그러니 우리 예수님께 나아갑시다. 더 이상 허탄한 것들에 마음 두지 말고, 예수님 안에서 참된 평강과 기쁨을 누리기를 소망합니다.

• 3장 •

믿음을 위한 질문, 대답하는 믿음

Q. 나는 예수님을 믿는 믿음을 통해 무엇을 얻었습니까?

A.

PART 1

믿음은 언제나 뚜렷하고 명확하게 답한다

4장 믿음은 도전입니다

1 이스라엘 자손들로 말미암아 여리고는 굳게 닫혔고 출입하는 자가 없더라 2 여호와께서 여호수아에게 이르시되 보라 내가 여리고와 그 왕과 용사들을 네 손에 넘겨 주었으니 3 너희 모든 군사는 그 성을 둘러 성 주위를 매일 한 번씩 돌되 엿새 동안을 그리하라 4 제사장 일곱은 일곱 양각 나팔을 잡고 언약궤 앞에서 나아갈 것이요 일곱째 날에는 그 성을 일곱 번 돌며 그 제사장들은 나팔을 불 것이며 5 제사장들이 양각 나팔을 길게 불어 그 나팔 소리가 너희에게 들릴 때에는 백성은 다 큰 소리로 외쳐 부를 것이라 그리하면 그 성벽이 무너져 내리리니 백성은 각기 앞으로 올라갈지니라 하시매 (여호수아 6장 1~5절)

이스라엘 백성들의 광야 생활에서 잊을 수 없는 두 가지 기적이 있다면 하나는 만나를 내려주신 사건이고, 또 하나는 여리고 성이 무너진 사건입니다. 두 사건은 강을 건너간 후에 일어났습니다. 만나 사건은 홍해를 건넌 후에 일어났고, 여리고 성 사건은 요단강을 건넌 후에 일어났습니다. 또한 두 사건 모두 하나님이 역사하셨습니다. 만나도 하나님이 하늘에서 내리셨고, 여리고 성도 하나님이 무너지게 하셨습니다.

그러나 두 사건은 아주 중요한 차이가 있습니다. 만나는 하늘에서부터 내렸습니다. 이스라엘 백성들의 믿음과는 상관없이, 하나님께서 일방적으로 베푸신 것입니다. 그러나 여리고 성이 무너진 것은 이스라엘 백성들의 믿음이 아주 중요하게 작용했습니다. 그러므로 이렇게 정리할 수 있습니다. 하나님이 우리에게 주시는 복에는 두 종류가 있습니다. 하나는 구하지 않아도 주시는 복입니다. 예수 믿고 그럭저럭 교회에 빠지지 않고 나오며, 가끔 생각나면 성경도 읽고 급하면 기도하는 사람에게도 하나님은 은혜를 주십니다. 저는 이런 은혜를 '만나은혜'라고 부릅니다. 연명하는 복입니다. 반면에, 다른 하나는 구해야 얻을 수 있는 복입니다. 이 복은 가나안 땅을 정복하여 그 땅의 소산을 얻듯이 각자 있는 곳에서 믿음으로 도전할 때 얻을 수 있는 복입니다.

하나님께서는 이스라엘 백성들에게 가나안 땅을 주겠다고 하셨습니다. 이 말에는 단순히 땅을 주시겠다는 뜻 외에 또 하나의 깊은 뜻이 담겨있습니다. 가나안 땅을 정복하여 그 땅의 열매를 먹으며 풍요롭게 살라는 것입니다. 그러나 이스라엘 백성들은 믿음이 없었습니다. 성문이 굳게 닫힌 것을 보고 겁에 질려 광야로 돌이켰습니다. 그 결과, 광야에서 40년을 살다가 죽어야 했습니다.

본문은 40년이라는 세월이 흐른 후의 이야기입니다. 이스라엘 백성들은 가나안 땅에 들어가기 위해 다시 도전에 나섭니다. 그들이 싸워야 할 가나안 사람들은 변함없이 강했지만, 40년의 광야 생활을 마친 이스라엘 백성들은 분명히 달라져 있었습니다. 어떻게 달라졌습니까? 믿음이 생겼습니다. 그래서 그들은 굳게 닫힌 성문을 향해 전진했습니다.

지금 내 앞을 가로막고 있는 성벽은 무엇입니까? 아무리 지혜를 모으고 능력을 집중시켜도, 도저히 극복할 수 없을 것 같은 굳게 닫힌 성은 무엇입니까? 또 나의 마음은 어떻습니까? 혹시 굳게 닫힌 성문에 압도되어 그 앞에 움츠리고 있지는 않습니까? 엄밀히 생각해볼 때, 우리의 능력으로 여리고 성을 정복할 확률은 사실 제로에 가깝습니다. 오히려 '나는 할 수 없을 것 같다'는 생각이 자연스러운 반응일지 모릅니다.

맞습니다. 우리는 연약합니다. 성을 정복할 능력이 없습니다. 그러나 우리는 굳게 닫힌 성을 반드시 정복해야 합니다. 어떻게 그것이 가능합니까? 오직 하나님께 믿음을 두고 도전할 때 가능합니다. 그렇다면 하나님께 믿음을 두고 도전한다는 말은 무슨 뜻일까요?

기억하며 도전해야 합니다

이스라엘 백성들은 40년 동안 광야를 헤매며 살아온 사람들입니다. 그렇기에 그들은 광야 생활에 지쳐있었습니다. 남루한 옷차림에 이리저리 떠돌아다니는 난민과 같이 초라한 모습이었습니다. 변변한 무기도 없었습니다. 반면 여리고는 어땠습니까? 이스라엘 백성들은 처음 여리고를 보았을 때의 느낌을 이렇게 묘사합니다. "그 성읍들은 크고 성곽은 하늘에 닿았으며 우리가 또 거기서 아낙 자손을 보았노라"(신 1:28). 두 겹으로 된 7미터 높이의 성벽은 두께가 6미터여서 마차가 다닐 정도였고, 여리고 성 사람들은 아낙 자손(고대 거인족)처럼 보인다고 했습니다. 그들의 눈에 비쳐진 현실은 절망하기에 충분했습니다.

그런데 본문 1절에 보면, 한 가지 이상한 점을 발견합니다. "이스라엘 자손들로 말미암아 여리고는 굳게 닫혔고 출입하는 자가 없더라." 여리고 사람들이 병법을 좀 안다면 어떻게 하는 것이 적절한 대응이겠습니까? 정예 병사들을 성 밖으로 내보내서, 먼 길을 오느라 지친 이스라엘 백성들이 미처 숨도 돌리기 전에 선제공격을 하는 것이 훨씬 전략적입니다. 그런데 여리고 사람들은 문을 걸어 잠급니다. 애초부터 공격은 포기하고 성을 방어하는 데에 총력을 기울인 것입니다. 왜 그랬을까요? 두려웠기 때문입니다. 앞장인 5장 1절을 보면 "여호와께서 요단 물을 이스라엘 자손들 앞에서 말리시고 우리를 건너게 하셨음을 듣고 마음이 녹았고 이스라엘 자손들 때문에 정신을 잃었더라"라고 합니다. 여리고 사람들이 두려웠던 이유는 이스라엘 백성들의 무기 때문도 아니고 군사력 때문도 아니며, 그들이 가진 전략 때문도 아니었습니다. 단 하나, 그들이 전진해 오고 있었기 때문입니다.

생각해 보십시오. 분명 이스라엘 백성들은 체계적인 군사훈련도 받지 않았고 무기도 청동기 무기입니다. 거기다가 광야 생활로 인해 많이 지쳐있는 상태입니다. 그런데도 감히 여리고 성을 정복하겠다고 덤벼들고 있습니다. 미치지 않고서야 이럴 수가 없습니다. 이스라엘 백성들이 가지고 있는 무기는 단 하나밖에 없습니다. 하나님의 말씀, 그것을 기억하는 것입니다. 2절 "내가 여리고와 그 왕과 용사들을 네 손에 넘겨주었으니"에서 넘겨주었다는 말은 과거 완료형입니다. 하나님께서는 여리고 성을 이미 이스라엘 백성들의 손에 넘겨주었다고 하셨습니다. 그들은 이 말씀을 기억하고 이를 무기삼아 성을 공격하려고 합니다. 어떻게 성을 정복하느냐는 관심도 없습니다. 오직 이 성을 주셨다는 믿음뿐입니다. 그렇기에 성 주위를 하루에 한 바퀴씩 돌라는 하나님의 명령에 두말없이 순종할 수 있었습니다.

그들은 이해가 되어서 하는 것이 아니었습니다. 하나님께서 이미 이 성을 넘겨주었다고 하셨기에, 그 말씀만 기억하고 지시하시는 대로 그저 돌았던 것입니다. 이렇듯 믿음은 하나님께 왜냐고 묻지 않습니다. 앞날을 모르지만 믿고 나아갑니다. 결과를 알기 때문에 나아가는 것이 아니고, 하나님이 말씀하셨기 때문에 나아가는 것입니다. 본문을 보면, 하나님께서는 여리고 성이 어떻게 무너지게 될 것이라는 설명을 전혀 하지 않으셨습니다. 왜 설명하지 않으셨을까요? 더 나아가 왜 하나님께서는 우리의 앞날을 비밀에 부치셨을까요? 하나님의 말씀을 믿고 행하도록 훈련시키시는 것이기 때문입니다. 앞날을 모르기에 더 기도하게 되고, 앞날을 모르기에 하나님의 말씀을 더 붙들게 됩니다. 아는 것이라고는 하나님의 약속의 말씀밖에 없으니 말씀만 믿고 나아갈 수밖에 없습니다.

벌써 십여 년 전인 것 같습니다. 제가 미국에서 열린 어떤 집회에 참석했다가 영성이 아주 뛰어난 미국 목사님을 만났는데, 그분이 저를 위해 기도해주신 적이 있습니다. 그분은 저를 보자마자 이렇게 말했습니다. "당신에게 두 자녀가 있죠? 지금 당신 마음에 염려가 많은데, 그 아이들은 그냥 아이들이 아닙니다. 모두 '나실인'으로 하나님께서 따로 구별해 놓으신 아이들입니다. 아이들이 믿음으로 잘 자라날 거니까 절대 염려하지 마십시오."

그때 그분의 말씀이 제 마음에 강하게 박혔습니다. 그리고 그 이후로 지금까지 저는 자녀들을 놓고 걱정해본 적이 없습니다. 아니, 더 정확하게 말씀드리면 걱정이 안 됐습니다. 물론 현실적으로 걱정이 될 때가 왜 없겠습니까? 그러나 그럴 때마다 "자녀들을 나실인으로 구별해 놓으셨습니다"라는 말이 제 마음을 붙들어주었습니다.

이런 축복이 어디 저에게만 해당되겠습니까? 그러므로 우리 힘으로 해결할 수 없는 거대한 여리고 앞에서, 우리는 하나님의 약속의 말씀을 기억해야 합니다. 포기하지 말고 굳게 닫힌 성문 앞에서 하나님의 말씀을 선포하며 나아가야 합니다.

기다리며 도전해야 합니다

하나님께서 여리고 성 정복을 위해 이상한 명령을 내리십니다. 엿새 동안은 여리고 성을 한 번 돌고, 일곱 째 되는 날에는 일곱 번 돌라고 하십니다. 여리고 성은 반경 30킬로미터 정도 되는 성입니다. 걸어서 한 바퀴를 도는 데 1시간에서 1시간 30분밖에 걸리지 않습니다. 그러니까 굳이 돌아야 한다면 6일 동안 나눠서 돌 필요가 없습니다. 6일 동안 가만히 있다가 7일째 되는 날에 열세 바퀴를 돌아도 됩니다. 그런데 왜 하나님은 6일 동안 성을 돌라고 명령하셨을까요? 또한, 우리의 눈길을 끄는 독특한 하나님의 명령이 있습니다. 성을 돌 때 지켜야 할 한 가지 규칙이 있는데, "너희는 외치지 말며 너희 음성을 들리게 하지 말며 너희 입에서 아무 말도 내지 말라" (10절)는 것입니다. 침묵할 것을 명령하셨습니다. 왜 이스라엘 백성에게 침묵하라고 하셨을까요?

　이 사실을 통해 하나님은 우리에게 아주 중요한 영적 교훈, 믿음은 곧 인내라는 사실을 가르쳐주십니다. 이스라엘 백성들이 광야 생활에서 문제를 만날 때마다 일관되게 보인 태도가 있습니다. 그것은 원망과 불평입니다. 그들은 불평의 대가였습니다. 광야 40년은 불평과 원망의 역사였고, 결국 그 불평 때문에 하나님의 진노를 산 적이 한두 번이 아니었습니다. 하나님은 그런 이스라엘의 '흑역사'를 잘 아시기에, 입을 다물고 인내하도록 하신 것입니다.

오늘날도 마찬가지입니다. 여리고 성을 7일 동안 돌았던 것처럼, 입을 다물고 묵묵하게 하나님만 바라보며 나의 문제 주변을 하루에 한 바퀴씩 돌아야 할 때가 있습니다. 그렇다면 인내하는 일이 힘듭니까, 쉽습니까? 힘들다면 왜 힘들까요? 그것은 내가 바라는 일이 빨리 일어나지 않기 때문입니다. 때를 기다려야 하기 때문입니다. 여리고 성이 그러지 않았을까요? 한 바퀴 두 바퀴 돌 때 돌멩이라도 부서지면 희망을 품었을 텐데, 여전히 요지부동입니다. 마찬가지로 가족의 구원을 위해 믿음으로 기도하지만, 요지부동입니다. 또 열심히 사업하면 잘될 줄 알았는데 좋아질 기미가 보이지 않습니다. 이럴 때 우리는 초조해집니다. 하나님이 과연 나의 기도를 듣고 계시는지 회의감이 듭니다.

그럴 때, 중요한 진리를 다시 한번 마음에 새깁시다. 하나님의 역시는 하루아침에 이루어지는 법이 없습니다. 그렇기에 무언가 하나님께로부터 기대하는 바가 있다면, 먼저 그것을 이루어가는 과정을 밟아야 합니다. 인내하는 과정 없이 결과만을 탐하는 것은 게으름이요 악함입니다. 여리고 성이 무너지기까지는 이스라엘 백성들의 7일간의 순종이 있었습니다. 그리고 7일 중 6일은 믿음으로 기다려야 했던 인내의 날들이었습니다. 꼭 기억하길 바랍니다. 하나님의 역사는 하루아침에 이루어지지 않습니다. 여리고 성 앞에서의 6일은 무의미한 날들이 아니었으며, 크고 위대한 능력의 7일째 날을 위한 준비였습니다.

내가 여리고 성 앞에서 쏟아낸 말들을 살펴봅시다. 믿음의 말이었나요, 불평과 원망의 말이었나요? 하나님의 약속을 바라보며 하는 말이었나요, 부정적인 현실을 분석하는 말이었나요? 혹 건강에 이상이 발견되었습니까? 사업에 어려움이 찾아왔습니까? 지금은 침묵하면서 행진해야 할 순간입니다. "하나님, 무엇을 주려고 하십니까? 이 시험을 이길 힘을 주시옵소서. 믿음으로 이기게 하여 주시옵소서." 입을 닫고 묵묵히 내 문제의 주변을 믿음으로 돌고 돌면, 하나님께서 외치라고 하시는 날이 옵니다. 무너지는 날이 반드시 옵니다. 분명 하나님께서 도와주신다는 것을 체험하는 날이 옵니다. 그러니 도울 힘이 없는 인생을 의지하지 말고, 하나님께 소망을 두어야 합니다.

기대하며 도전해야 합니다

하나님의 명령을 다시 한번 생각해 봅시다. 좀 터무니없습니다. 성 주위를 하루에 한 바퀴씩 돌고 마지막 일곱째 날에는 일곱 바퀴 돌라고 하셨습니다. 게다가 하나님께서 여리고 성이 무너질 것은 말씀하셨지만, 언제 어떤 식으로 무너질지는 말씀하시지 않았습니다. 또 성을 돌 때는 침묵하라고 하셨습니다. 이러한 하나님의 명령에 담겨 있는 뜻은 무엇일까요? 믿음이란, 앞날을 알지 못하지만 기대하고 나아가는 것이라는 뜻입니다. 그렇습니다. 결과를 알고 나아가는 것은 믿음의 행위가 아닙니다. 믿음은 하나님의 말씀을 무조건 믿고, 앞을 향해 전진하는 것입니다.

또한 '하루에 한 바퀴씩 엿새 동안 성 주위를 돌고 마지막 일곱째 날에는 일곱 바퀴를 돌라'는 명령에서 성을 도는 것은 쉬운 일입니다. 그런데 문제는 '과연 이 명령이 받아들일 만한 명령인가?' 하는 것입니다. 왜냐하면 이성적이고 합리적인 사고로는 이해할 수 없는 전략이기 때문입니다. 물론 이런 종류의 하나님 명령은 큰맘 먹고 한두 번쯤은 순종할 수 있습니다. 그러나 계속해서 순종하기란 사실 어려운 일입니다.

순종에는 아주 중요한 요소가 있습니다. 그것은 끝까지 순종하는 것입니다. 이스라엘 백성들은 총 열세 바퀴를 돌아야 했습니다. 그리고 일곱째 되는 날에 일곱 바퀴를 돌기 전까지는 아무 일도 일어나지 않았습니다. 변화될 희망이 없는 일을 반복한다는 것은 어리석은 일입니다. 시간이 갈수록 어떤 조짐이 있으면 기운이라도 낼 텐데, 전혀 미동조차 없습니다. 그러니 일곱째 날에 일곱 바퀴를 돌 때까지 백성들의 마음에는 어떤 생각이 있었을까요? "정말 이렇게 돈다고 무슨 일이 일어날까?" 마음속에 의심이 찾아왔을 것입니다.

그렇다면 하나님은 왜 앞날에 일어날 일을 비밀에 부치셨을까요? 우리는 앞날을 모르기에 하나님을 의지할 수밖에 없습니다. 앞날을 모르기에 더 무릎을 꿇고 이성을 의지하기보다 하나님의 말씀을 붙듭니다.

저 역시 목사지만, 한 치 앞도 내다보지 못합니다. 결과에 대해 어떤 보장도 없이 발을 옮겨놓아야 할 때가 대부분입니다. 지금까지 18년 동안 목회하면서, 무엇을 알고 목회한 적이 한 번도 없습니다. 그러나 제 마음에서 항상 사라지지 않는 한 가지 생각이 있습니다. 바로 기대함입니다. 하나님께서 놀라운 일을 행하실 거라는 기대함입니다. 따라서 저는 이렇게 이야기할 수 있습니다. 우리로 하여금 끝까지 순종하며 나아가게 만드는 동력은 기대함입니다. 하나님께서 우리를 위해 놀라운 일을 행하실 것을 기대하며 나아가는 것입니다.

나는 내일을 생각할 때 무슨 일이 일어날지 몰라서 두렵습니까, 아니면 나를 위해 좋은 것을 준비해놓고 계시는 하나님이 기대가 됩니까? 하나님께 대한 기대함이 없으면 도전을 망설이게 됩니다. 믿음이 없으니 당연히 주저하게 됩니다. 성을 도는 이스라엘 백성들의 마음도 두 가지가 아니었을까 생각됩니다. "이래가지고 뭐 되겠나?" 하는 두려운 마음과 "어떻게 주시려고 성을 돌라고 하시나?"라는 기대하는 마음 말입니다. 나는 어느 쪽에 속합니까?

하나님은 우리가 기대하며 살기를 원하십니다. 생각해 봅시다. 아버지들이 직장에 나가 열심히 일하는 이유가 무엇이겠습니까? "자식들이 나를 이렇게 믿고 있는데." 아버지에 대해 자녀들이 가지는 기대감이 아버지로 하여금 더 열심히 일하게 만듭니다.

어느 크리스마스 날, 한 가정에서 있었던 일입니다. 초등학교 2학년인 아이가 크리스마스가 다가오기 며칠 전, 불 꺼진 방에서 한참을 있다가 나왔습니다. 엄마가 물었습니다. "뭐 하다가 나왔니?" 그러자 아이는 하나님께 간절하게 기도했다고 합니다. "무슨 기도를 간절하게 했니?" 엄마가 다시 물으니, 아이는 성탄절 선물로 레고를 달라고 기도했다고 합니다. 엄마는 교회에 나가지 않는 불신자였습니다. 그렇다고 엄마가 그 아이의 기대를 저버렸을까요? 레고 선물을 주지 않았을까요?

저는 우리 하나님도 마찬가지라고 믿습니다. 우리가 하나님을 기대할 때, 하나님께서는 우리를 위해 더 놀라운 역사를 이루십니다. 그리고 이러한 기대가 있을 때, 우리는 도전하게 됩니다. 그러므로 그리스도인에게는 불투명한 미래가 두려움으로 다가오기보다는 흥밋거리로 다가옵니다. 기대감을 가지고 도전할 때, 불가능한 일도 가능하게 되는 것입니다. 그러니 아침에 눈을 뜨면 "하나님께서 오늘은 어떤 놀라운 일을 이루어주실까?" 기대하며 하루를 시작하길 바랍니다. 날마다 기대하며 나아가는 것, 이것이 믿음입니다. 믿음은 기대입니다. 기내하며 도전하는 인생이 되기를 바랍니다.

나의 여리고 성은 무엇입니까? 누구에게나 치열한 삶의 현장에 난공불락(難攻不落) 같은 큰 성이 있을 것입니다. 너무 크고 높아서 싸우려고 하기보다, 처음부터 포기하고 그 아래서 무기력하게 살고 싶게 만드는 성이 있을 것입니다. 어쩌면 도무지 치유될 것 같지 않은 자신의 좋지 못한 습관이나 원만하지 못한 인간관계일 수도 있고, 아직 믿음이 없는 가족이 나의 여리고 성일 수도 있습니다. 벽에 부딪힌 사업상의 위기나 나를 힘들게 하는 직장 상사가 여리고 성일 수도 있습니다. 혹은 나를 늘 불안한 가운데 살아가게 만드는 건강상의 문제일 수도 있습니다. 그러나 꼭 기억하길 바랍니다. 이스라엘 백성들은 여리고 성을 무너뜨리지 않고는 가나안 땅을 정복할 수 없었습니다. 우리도 여리고 성이 무너지는 것을 꼭 보아야 합니다. 그래야 보다 넓은 은혜의 세계를 누릴 수 있습니다.

하나님께서는 여호수아서를 통해 난공불락의 여리고 성을 허무는 방법을 일러주셨습니다. 그러니 나의 여리고 성이 무엇이든지 그 성이 무너지기 위해 필요한 것은 오직 한 가지, 믿음입니다. 믿음만이 하나님의 능력을 나타낼 수 있습니다.

맥스 루케이도(Max Lucado)는 《하나님이 캐스팅한 사람들》이란 책에서 말했습니다. 다윗이 골리앗과 맞섰을 때, 어떻게 이길 수 있었습니까? 그것은 다윗이 골리앗을 향해 하는 이야기를 보면 안다고 합니다. 다윗이 하는 말을 분석해보면 하나님이라는 이름을 7번이나 사용했고, 골리앗에 대해서는 어떤 묘사도 분석도 없으며 단지 너라는 대명사만 등장한다고 합니다. 그리고 이것은 다윗의 시선이 철저히 하나님께 고정되어 있음을 보여준다고 합니다.

우리는 믿음을 가지고 도전해야 합니다. 두려워하지 말고 믿음으로 굳게 닫힌 성문을 향해 도전해야 합니다. 또한 하나님의 말씀을 기억하면서 도전하고, 기다리면서 도전해야 합니다. 하나님께서 이루실 일을 기대하며 도전하기를 바랍니다.

예수님께서 십자가에서 죽으시고 부활하심으로 사탄을 이기셨기 때문에, 우리는 싸우면 반드시 이깁니다. 우리 눈에는 승산 없는 싸움처럼 보일지라도 예수님의 이름으로 도전하며 나아갈 때, 반드시 승리하게 될 것입니다. 일터에서, 직장에서, 학교에서 뒤로 물러서지 말고 하나님 나라를 향한 꿈을 가지고 힘차게 나아가는 우리가 되기를 간절히 바랍니다.

• 4장 •

믿음을 위한 질문, 대답하는 믿음

> Q. 내 삶에 시도해보고 싶은 믿음의 도전은 무엇입니까? 또 도전하기 위해 나에게 필요한 것은 무엇입니까?

A.

5장
믿음은 선택입니다

24 믿음으로 모세는 장성하여 바로의 공주의 아들이라 칭함 받기를 거절하고 25 도리어 하나님의 백성과 함께 고난 받기를 잠시 죄악의 낙을 누리는 것보다 더 좋아하고 26 그리스도를 위하여 받는 수모를 애굽의 모든 보화보다 더 큰 재물로 여겼으니 이는 상 주심을 바라봄이라 27 믿음으로 애굽을 떠나 왕의 노함을 무서워하지 아니하고 곧 보이지 아니하는 자를 보는 것 같이 하여 참았으며 28 믿음으로 유월절과 피 뿌리는 예식을 정하였으니 이는 장자를 멸하는 자로 그들을 건드리지 않게 하려 한 것이며 (히브리서 11장 24~28절)

성경에는 긴 설명이 필요 없는, 너무나 위대한 생을 살았던 사람이 있습니다. 오늘날도 많은 사람이 그를 닮기를 원하고 그와 같이 위대한 생을 살기를 꿈꿉니다. 바로 모세입니다. 모세가 왜 위대합니까? 무엇이 모세로 하여금 위대한 인물이 되게 했습니까? 그가 이집트의 왕자로서 이집트의 모든 부귀영화와 권세를 누렸던 사람이기 때문일까요, 200만 명이 되는 군중을 이끌고 홍해 바다를 갈랐기 때문일까요? 아니면 40년 동안 광야 길을 인도했던 그의 지도력 때문일까요? 물론 이런 것들이 그로 하여금 위대한 생을 살도록 만든 부분적인 이유가 될 수는 있습니다. 그러나 모세가 위대한 인물로 존경받는 진짜 이유는 그의 지도력도, 그가 누렸던 부와 권세도 아닙니다. 바로 그의 믿음때문이었습니다. "믿음으로 모세는 장성하여 바로의 공주의 아들이라 칭함 받기를 거절하고 도리어 하나님의 백성과 함께 고난 받기를 잠시 죄악의 낙을 누리는 것보다 더 좋아하고 그리스도를 위하여 받는 수모를 애굽의 모든 보화보다 더 큰 재물로 여겼으니 이는 상 주심을 바라봄이라"(24-26절).

 모세는 당대에 가장 강력한 나라인 이집트의 왕자였습니다. 어느 재벌과도 비교할 수 없는 엄청난 부귀영화를 누렸습니다. 누구도 손에 쥐어보지 못한 권세를 가졌던 사람입니다. 말하자면 성공에 필요한 모든 조건을 완벽하게 갖추고 있었습니다. 그러나 모세는 이 모든 조건을 거절합니다. 그 이유는 믿음 때문입니다. 그리고 그가 믿음을 따라 행동함으로 오늘날도 위대한 인물로 기억됩니다.

 그렇다면 모세는 어떤 믿음의 선택을 했으며, 오늘날 모세처럼 위대한 생을 살기를 원하는 그리스도인들이 보여야 할 믿음의 선택은 과연 무엇일까요?

믿음으로 죄악 가운데 머물기를 거절해야 합니다

24절은 "믿음으로 모세는 장성하여 바로의 공주의 아들이라 칭함 받기를 거절하고"라고 말합니다. 젊고 강한 모세를 머릿속에 그려봅시다. 누가 봐도 앞날이 창창한 왕자입니다. "장성하여"라는 말은 원어로 "위대하게 되었을 때"라는 뜻입니다. 모세는 그의 생애 가운데 가장 위대하게 된 순간에 결단을 내립니다. 어떤 결단입니까? 한 나라의 왕좌에 대한 권리를 포기합니다. 25절에 "더 좋아하고"라는 말은 원어에 "선택했다"라는 뜻이 있습니다. 그의 인생의 갈림길에서 자신의 분명한 태도를 보인 것입니다.

우리는 인생에서 중대한 갈림길에 서게 될 때가 있습니다. 한쪽 길에는 오색찬란한 깃발이 나부끼고 매력적인 여인들이 손짓합니다. 반면에 다른 한쪽 길은 너무 좁고 거칠며 황량해서 선뜻 나서기가 망설여집니다. 그리고 이와 같은 갈림길은 우리에게 믿음의 선택을 요구합니다. 그렇습니다. 우리의 인생은 선택으로 가득 차 있습니다. 우리는 텔레비전의 채널을 선택해야 하고 무엇을 먹을지 선택해야 하며, 배우자를 선택해야 하고 아이를 가질 것인지 선택해야 합니다. 또 직업과 학교, 거주지도 선택해야 합니다.

그런데 모세는 무엇을 선택해야 하는지 분명히 알았습니다. 그래서 머리의 왕관을 벗고 바로의 궁을 걸어 나옵니다. 그는 평생 즐길 수 있는 모든 권리를 뿌리치고 죄악의 낙을 누리기를 거절하며 하나님의 백성들과 함께 고난 가운데 살기를 선택합니다.

25절에서 "죄악의 낙"이라는 말은 문학적인 표현이 아닙니다. 제가 고등학교 2학년 때, 미성년자 관람 불가 영화를 본 적이 있습니다. 영화관에 들어갈 때 왜 그렇게도 심장이 빨리 뛰는지, 교회에 예배드리러 갈 때는 그렇게 빨리 뛴 적이 없습니다. 그때 맡았던 팝콘 냄새는 40년이 지난 지금까지도 생생합니다. 이처럼 죄악의 낙은 의를 행할 때보다 분명 즐거운 일입니다. 심장 박동은 죄에 가까이 갈 때 더 빨라집니다. 말초신경을 자극하여 기분을 좋게 만듭니다. 그러나 모세는 고난을 택합니다. 잠시 죄악의 낙을 누리기보다 경건의 길을 선택합니다.

이제 한 가지 중요한 질문을 던져야 합니다. 어떻게 모세는 자기가 누릴 수 있었던 모든 부귀영화를 포기할 수 있었을까요? 무엇이 그로 하여금 광야를 선택하도록 만들었습니까? 우리가 놓치지 말아야 할 중요한 단어가 26절에 나옵니다. "여겼다"라는 단어입니다. 이 말은 모세가 어떻게 믿음의 선택을 할 수 있었는지 설명해줍니다.

"여겼다"의 원어는 "미리 생각하다"라는 뜻입니다. 모세는 선택의 갈림길에 이르기 전부터 이미 올바른 선택을 하도록 준비했습니다. 그가 광야를 선택한 것은 결코 즉흥적인 결단이 아니었습니다. 비록 바로의 왕궁에서 호화스러운 생활을 했지만, 어릴 때부터 어머니로부터 받은 신앙교육을 통해 자기가 히브리 사람이라는 정체성을 잃지 않았던 것입니다.

모세는 눈에 보이는 이집트의 부귀영화를 누리는 것이 얼마나 순간적이고 허무한 것들인지 이미 오래전부터 잘 알고 있었습니다. 이집트를 선택하게 될 때 그가 누릴 부귀영화와 권세가 결국 자기 영혼까지 해치는 지경에 이를 것을 내다보았습니다. 또한 그는 훗날 하나님 앞에서 받게 될 상을 바라보았습니다. 그래서 26절은 "그리스도를 위하여 받는 수모를 애굽의 모든 보화보다 더 큰 재물로 여겼으니 이는 상 주심을 바라(보았기)"때문이라고 합니다. 모세는 모든 것에서 눈을 돌려 시선을 한 가지에 고정했습니다. 바로 영원한 세계였습니다.

블레즈 파스칼(Blaise Pascal)은 오늘날 우리가 살아가는 세상은 우리로 하여금 천국을 보지 못하도록 음모를 꾸미고 있다고 했습니다. 이 밀은 아침에 눈을 뜨면서부터 밤늦게 침대에 누울 때까지 직장일, 사업, 쇼핑, 스포츠, 영화, 오락, 화장품, 성형수술, 컴퓨터, 건강, 돈, 땅과 같은 이야기에 정신을 쏟게 만드는 사회 분위기가 우리로 하여금 천국을 보지 못하게 막는다는 것입니다.

제가 목회를 하면서 참 안타깝게 느끼는 것이 있습니다. 이왕 예수를 믿어 천국에 갈 사람들이라면, 마지막 날 주님 앞에 섰을 때 상 받을 것을 생각하고 그 상급에 시선을 고정하고 열심히 달려가야 할 텐데, 믿음의 초점을 잃고 사는 그리스도인이 너무나 많다는 것입니다. 자신이 그리스도인이라는 정체성을 잊고 삽니다. 잠시뿐인 즐거움을 즐기느라 영원한 세계를 바라보지 못하는 그리스도인이 너무 많습니다.

모세는 다른 모든 것에서 눈을 돌려 그리스도께 고정했습니다. 그렇기에 그는 잠시 죄악의 낙을 누리는 일보다, 고난 가운데 살면서도 하나님의 백성으로 살아갈 것을 결정했습니다. 이제 우리도 세상에 머물러 있는 우리의 시선을 돌려, 그리스도께 고정해야 합니다.

우리의 인생은 짧습니다. 그리고 언젠가는 떠나야 합니다. 시간이 그리 많지 않습니다. 그렇기에 우리는 모세처럼 천국에서 누리게 될 상급을 바라보고 죄 가운데 머물기를 단호히 거부하며, 죄로부터 떠나는 그리스도인이 되어야 합니다.

믿음으로 친숙한 것과 결별해야 합니다

모세가 내린 두 번째 결정은 떠나기로 한 것입니다. 27절에 "믿음으로 애굽을 떠나 왕의 노함을 무서워하지 아니하고 곧 보이지 아니하는 자를 보는 것같이 하여 참았(다)"(27절)고 했습니다. 모세는 친숙한 모든 것에서 등을 돌렸습니다.

우리가 고향을 떠난다든지, 수십 년 일했던 직장을 떠난다든지, 오랫동안 함께 살던 가족을 떠날 일이 생겼다고 생각해봅시다. 사람은 자기가 있던 익숙한 곳을 떠날 때, 본능적으로 두려움을 느낍니다. 모세도 마찬가지입니다. 그가 바로의 궁을 떠날 결심을 한 것은 쉬운 일이 아닙니다. 미디안 광야로 나아갈 때 그는 하루의 피곤을 풀던 폭신한 침대가 생각났을 것입니다. 생각에 잠겨 걷곤 했던 산책로들이 머릿속에 떠올랐을 것입니다.

어떤 학자들에 따르면, 당시 이집트 왕자들은 15~17세에 결혼했다고 합니다. 모세가 미디안 광야로 나아갈 때가 40세였으니 어쩌면 그에게는 사랑하던 여인이 있었을지도 모릅니다. 어쩌면 결혼해서 가정을 이루고 있었을지도 모릅니다. 모세도 결코 친숙한 것들을 떠나기가 쉽지 않았을 것입니다. 그러나 그는 이집트 왕궁을 떠납니다. 비록 이집트의 생활 습관이 몸에 배어 있었지만, 그럼에도 불구하고 친숙한 모든 것을 떠나기로 결단합니다. 어떻게 그럴 수 있었을까요? 바로 믿음 때문이었습니다. "보이지 아니하는 자를 보는 것같이 하여 참았으며"(27절).

모세의 눈은 보이지 않는 하나님께 고정되어 있었습니다. 장차 돌아가게 될 천국을 바라보았습니다. 그는 한가하게 나들이하듯, 심심하면 하나님을 생각하는 그런 사람이 아니었습니다. 그는 하나님께 시선이 고정되어 있었기에, 친숙한 모든 것을 떠나기로 결단할 수 있었습니다. 비록 친숙한 이집트였지만 돌아갈 진짜 고향은 천국이라는 것을 알고 있었기에, 단호하게 친숙한 것들로부터 떠날 수 있었습니다.

우리에게 친숙한 것은 무엇입니까? 어릴 때부터 자라난 고향 집입니까? 지금까지 살아온 익숙한 생활방식입니까? 혹은 문제를 해결하는 나름의 해결방식입니까? 오랫동안 몸담았던 직장입니까? 그러나 우리는 익숙한 데 머무르려고 할 때, 우리가 진짜 돌아가야 할 영원한 나라를 사모하지 않게 될 수 있습니다.

코리 텐 붐(Corrie ten Boom)은 이런 말을 했습니다. "나는 귀중한 것들을 꽉 잡지 않고 느슨하게 잡는 법을 배웠다. 왜냐하면 꽉 잡고 있으면 하나님께서 내 손을 비틀어 여시고 그것들을 내게서 가져가실 때 아픔이 크기 때문이다." 사람은 태어나면서부터 손을 꽉 움켜잡습니다. 그리고 어려서부터 무엇이든지 움켜잡도록 배우며 자랍니다. 그래서 무엇을 놓는다는 것은 우리의 본성으로는 참 어려운 일입니다.

그러나 모세는 이집트를 떠납니다. 그의 시선은 하나님께 고정되어 있었기에 뒤를 돌아보지 않습니다. 그리고 이집트를 떠났기에 그곳에는 그의 어떤 기념물도 남아있지 않습니다. 훗날 모세가 죽었을 때도 비석조차 세우지 않았습니다. 이는 믿음의 영웅들이 세상을 마무리하는 방법이라고 생각합니다.

우리도 언젠가는 세상을 떠납니다. 그때 우리는 이 세상에 남길 것이 없습니다. 그러니 이 세상에 미련을 둘 필요도 없습니다. 우리가 돌아갈 곳은 천국입니다. 그런데 제가 우리 교회의 교역자들과 식사하던 중에 이런 이야기를 한 적이 있습니다. 직장에서 일하다가 퇴근 시간이 가까이 오면 모두가 시계를 들여다보며 퇴근 시간이 되기를 학수고대하면서도, 우리가 장차 돌아가게 될 영원한 천국을 생각할 때는 아무도 시계를 보려고 하지 않습니다.

하나님께서는 우리가 무엇에 더 관심을 가져야 하는지 알도록 끊임없이 신호를 보내십니다. 내 인생이 계획대로 돌아가지 않게 하시고 몸에 갑작스러운 병이 생기게도 하시며, 사랑하는 사람이 곁을 떠나게도 하십니다. 그럼에도 불구하고 우리는 깨닫지 못합니다. 마음에 평안이 사라지고, 예수를 믿어도 기쁨이 없습니다. 왜 그렇습니까? 아직도 세상 것에 대한 욕심이 많기 때문입니다. 움켜쥐려고 하기 때문입니다.

옥한흠 목사님께서 살아계실 때 통화를 한 적이 있습니다. 목사님께서는 전도서 말씀이 가슴에 와닿는다고 하시면서 이렇게 말씀하셨습니다. "박 목사, 다 쓸데없다. 큰 교회 목회해도 쓸데없고 교계에 이름이 나도 쓸데없고, 해 아래서 모든 것이 다 쓸데없다. 아무리 누렸어도, 아무리 성공했어도, 아무리 이름을 날렸어도 늙으면 병든 몸뚱이 하나 남는다. 그것이 인생이다."

그렇습니다. 그리스도인은 손에서 놓는 훈련을 해야 합니다. 처음부터 내 것은 하나도 없었습니다. 너무 오랫동안 쥐고 있다 보니 내 것으로 착각하는 것입니다. 언젠가는 다 놓아야 할 것들입니다. 그리고 모든 것을 놓을 때, 천국의 열쇠를 손에 쥐게 됩니다. 그러니 모세와 같이 천국을 바라보며 익숙한 것들을 놓을 줄 아는 우리가 되기를 간절히 바랍니다.

믿음으로 예수 그리스도를 선택해야 합니다

마지막으로 모세는 남들이 선택하지 않는 독특한 일을 선택했습니다. 바로 예수 그리스도를 선택한 것입니다.

28절은 "유월절과 피 뿌리는 예식을 정하였으니 이는 장자를 멸하는 자로 그들을 건드리지 않게 하려 한 것이며"라고 합니다. 이 구절은 설명이 필요합니다. 모세는 바로 왕에게 여러 차례 찾아가서 이스라엘 백성을 가게 하라고 말합니다. 그러나 바로 왕은 완강하게 거절하고, 결국 하나님께서 그들의 장자를 죽게 하는 재앙을 내리십니다. 그때 하나님께서는 재앙을 피할 수 있는 방법을 이스라엘 백성들에게 가르쳐 주셨는데, 그것은 양을 잡아서 그 피를 문설주에 바르는 것이었습니다. 하나님께서 말씀하셨습니다. "모세야! 너희는 지팡이를 손에 잡고, 허리에 띠를 두르고, 신발을 신고 이집트를 떠날 준비를 확실하게 해라. 이제 내가 이 땅 전역에 죽음을 보내면, 이집트 이 끝에서 저 끝까지 애통해하는 비명소리를 듣게 될 것이다. 그러나 너희는 집 문설주에 피를 발라라. 그러면 죽음의 사자가 너희를 넘어갈 것이다."

모세는 하나님께로부터 이 말씀을 들었을 때, 어떤 반응을 보입니까? 그는 모든 학문에 능통한 사람입니다. 그런데도 문밖에 나와 자기 집 문 여기저기에 양의 피를 바릅니다. 한번 상상해 봅시다. 지나가는 사람이 모세에게 묻습니다. "지금 뭐 하는 겁니까?" "예, 죽음이 가까이 오지 못하도록 피를 바르고 있습니다." "아, 그래요? 피를 바르면 죽음이 지나갑니까?" "그렇습니다." "어떻게 그럴 수 있지요?" "하나님께서 그렇게 말씀하셨습니다!" 모세는 남들이 하지 않고 이해할 수 없는 독특한 일을 했습니다. 그리고 그런 모세를 바라보는 이집트 사람들의 조롱 섞인 표정이 상상됩니다.

그러나 이해할 수 없는 일이 실제로 벌어집니다. 운명의 밤이 되고 비명이 시작됩니다. 그 비명은 이집트 멤피스에서 시작하여 고센 땅까지 이어집니다. 각 가정의 맏아들이 파리 목숨처럼 죽어 갑니다. 그 가운데 지팡이를 잡고 허리띠를 두르며, 또 샌들을 신고 구운 양고기를 먹으며 이집트를 떠나려고 준비하는 히브리인 가정들이 있습니다. 그리고 모세는 그가 하는 행동이 옳다는 것을 증명할 만한 어떠한 방법도 없고, 설명할 길도 없었습니다. 그러나 하나님께서 이르신 대로 정확하게 첫 번째 유월절을 지킵니다.

모세가 문설주에 양의 피를 바르는 사건은 우리가 세상 속에서 그리스도를 나타내야 할 것을 가르칩니다. 우리가 그리스도인으로서 죄악 많은 세상을 사는 동안에 조롱과 비판이 늘 우리를 따라다닐 것입니다. 그러나 믿음의 영웅들은 그런 조롱에 개의치 않았음을 알게 합니다.

요즘 세상은 예수 그리스도를 깎아내리기 위해 혈안이 되어 있습니다. 정치인이든 기업인이든 혹은 연예인이든, 기독교와 조금이라도 연관된 사람의 아름답지 못한 이야기가 나오면 지나칠 정도로 악랄한 비난을 퍼붓습니다. 우리 마음의 문설주에 예수 그리스도의 피를 바를 때마다 세상은 우리를 조롱합니다. 예수 그리스도를 위해 우리의 생을 드리려고 할 때, 세상은 바보 같은 짓을 그만하라고 소리 지릅니다. 그러나 우리는 마음에 그리스도의 피를 발라야 합니다.

우리는 세상에서 얼마나 예수 그리스도를 선택하는 삶을 살고 있습니까? 단편적인 예지만, 저는 유명 인사들이 무슨 상을 받고 나서 하나님께 영광 돌린다고 말할 때 참 기분이 좋습니다. 작은 일 같지만 수많은 대중 앞에서 예수 그리스도를 선택하는 모습에서 믿음의 영웅들을 봅니다.

우리는 어떻습니까? 어떤 사람은 요즘 기독교가 하도 욕을 먹으니까 식사기도를 하는 게 창피해서, 오천 원 이하의 음식을 먹을 때는 식사기도를 생략한다는 말을 들었습니다. 나의 직장 동료가, 나의 이웃이 내가 예수를 믿는다는 사실을 알고 있습니까? 손해를 볼까 봐 예수 믿는 것을 숨기고 있지는 않습니까?

예수님은 우리를 이 땅에 존재하게 하신 창조주 하나님이십니다. 십자가 위에서 우리를 대신하여 심판받으시고 부활 승천하심으로 우리에게 영원한 생명을 주신 구원자이십니다. 우리는 예수님의 공로로 오늘을 살고 있습니다. 그분으로 인해 오늘도 우리가 호흡하고 그분으로 인해 먹고 마시며, 그분으로 인해 오늘도 일합니다. 우리의 능력은 예수님께로부터 나옵니다. 예수님이 없는 그리스도인은 상상할 수도 없습니다. 우리는 생수 되시는 예수님을 마시지 않으면 단 하루도 살아갈 수 없습니다. 그런 우리가 어떻게 예수님을 선택하지 않을 수 있습니까? 예수님을 부끄러워하지 맙시다. 그분을 따릅시다. 예수님은 우리의 생명이십니다. 그분을 따라 천국까지 이르는 우리가 되기를 간절히 바랍니다.

모세는 눈에 보이지 않는 천국을 얻기 위해 이 땅에서의 기념비와 군중들의 박수갈채, 누릴 수 있는 이익과 권세, 영광을 기꺼이 맞바꾸었습니다. 잠시 누리는 죄악의 낙은 그가 누리게 될 천국의 상급과 견줄 수 없었기에 죄악을 떠났습니다. 또한 이 땅에서의 삶이 영원하지 않다는 것을 알았습니다. 그의 고향은 이집트도, 가나안땅도 아니고, 천국이라는 것을 알았습니다. 그의 시선은 항상 주님께 고정되어 있었습니다. 그렇기에 그를 위해 세워진 기념비나 스핑크스는 없습니다. 무덤도 존재하지 않습니다. 그는 비스가산 외로운 봉우리, 어떤 척박한 비탈 산등성이에 묻혔습니다. 그의 죽음을 애도하며 드려진 한 포기의 꽃도 없습니다. 그러나 그는 위대한 생을 살았던 사람입니다.

모세는 이 땅을 사는 동안 예수 그리스도의 영광을 위해 살았습니다. 어떠한 조롱과 멸시 앞에서도 예수 그리스도를 믿는 길만이 영원한 생명을 얻을 수 있다는 것을 확신했습니다. 그렇기에 그는 모든 것을 포기하고 잃어버린 것 같지만, 모든 것을 얻은 사람이었습니다.

우리도 모세와 같은 믿음을 소유해야 합니다. 그저 믿는다는 이름만 가진 소인배 그리스도인이 아니라, 믿음을 가지고 천국을 바라보며 나아가는 믿음의 영웅들이 되기를 바랍니다. 그래서 마지막 날 주님 앞에 섰을 때, 큰 영광의 상급을 얻는 우리가 되기를 소망합니다.

• 5장 •

믿음을 위한 질문, 대답하는 믿음

Q. 오늘 하루 내가 선택한 것들 중에서 믿음으로 한 것은 무엇인지 적어봅시다.

A.

6장

믿음은 죄로부터 회개입니다

1 그때 마침 두어 사람이 와서 빌라도가 어떤 갈릴리 사람들의 피를 그들의 제물에 섞은 일로 예수께 아뢰니 2 대답하여 이르시되 너희는 이 갈릴리 사람들이 이같이 해 받으므로 다른 모든 갈릴리 사람보다 죄가 더 있는 줄 아느냐 3 너희에게 이르노니 아니라 너희도 만일 회개하지 아니하면 다 이와 같이 망하리라 4 또 실로암에서 망대가 무너져 치어 죽은 열여덟 사람이 예루살렘에 거한 다른 모든 사람보다 죄가 더 있는 줄 아느냐 5 너희에게 이르노니 아니라 너희도 만일 회개하지 아니하면 다 이와 같이 망하리라 6 이에 비유로 말씀하시되 한 사람이 포도원에 무화과나무를 심은 것이 있더니 와서 그 열매를 구하였으나 얻지 못한지라 7 포도원지기에게 이르되 내가 삼 년을 와서 이 무화과나무에서 열매를 구하되 얻지 못하니 찍어버리라 어찌 땅만 버리게 하겠느냐 8 대답하여 이르되 주인이여 금년에도 그대로 두소서 내가 두루 파고 거름을 주리니 9 이 후에 만일 열매가 열면 좋거니와 그렇지 않으면 찍어버리소서 하였다 하시니라 (누가복음 13장 1~9절)

가끔 길거리를 지나가다 보면 '예수 천당 불신 지옥'이라고 쓰인 어깨띠를 두르고 큰소리로 전도하는 사람들을 볼 수 있습니다. 그런 사람들을 보면 "어디서 저런 용기가 나나?" 싶어서 부럽기도 하지만, 다른 한편으로는 "요즘 시대에 저런 식으로 전도해서 과연 누가 예수를 믿을까?" 하는 의구심도 듭니다.

우리가 살고 있는 시대를 가리켜 다원주의 사회라고 합니다. 그리고 다원주의 사회의 특징은 절대성을 부인한다는 것입니다. 절대적 진리와 절대적 가치, 절대적 기준이 없습니다. 그러다 보니 예수만 믿어야 구원받는다고 주장하는 기독교는 욕을 많이 먹을 수밖에 없습니다. "왜 너희만 진리라고 하느냐?"며 독선적이라고 배척합니다. 또한 다원주의는 절대성을 부인하기 때문에, 악을 악으로 인정하지 않습니다. 인간도 그다지 악한 존재로 여기지 않습니다. 이런 사람들에게 자꾸 죄니 심판이니 외쳐대니, 기독교가 환영받을 수 없는 겁니다.

우리는 모두 크든 작든 죄를 짓습니다. 예수를 믿어도 죄를 짓습니다. 이 세상에서 죄 짓지 않고 사는 사람은 한 사람도 없습니다. 성경은 모든 사람이 죄를 범하였다고 선언합니다. 이 말씀 앞에서 누가 감히 자기는 아니라고 반문할 수 있겠습니까? 그런데 이 세상에서 법을 어기면 죗값을 치르는 것처럼, 죄를 지으면 벌을 받습니다. 성경은 죄를 지은 인간은 예외 없이 하나님의 심판에 이를 수밖에 없다고 선언합니다. 그러나 성경은 여기서 그치지 않습니다. 자비하신 하나님께서 죄인들로 하여금 하나님의 심판의 자리에 이르지 않을 수 있는 길을 열어주셨음을 밝힙니다. 그 길이 무엇입니까? 바로 회개입니다. 우리는 모두 죄를 짓지만, 예수님께서 나를 위해 모든 죗값을 치르시고 대신 죽으셨다는 사실을 믿고 회개하면 용서받습니다. 더 이상 정죄함이 없고 하나님의 심판의 자리에 이르지 않습니다. 그럼에도 불구하고 하나님의 심판의 자리에 이르는 사람은 죄를 지은 사람이 아니라 끝내 회개하지 않는 사람입니다. 따라서 사람이 구원을 받느냐 받지 못하느냐를 판단해볼 수 있는 기준은 '교회를 다니느냐 안 다니느냐'가 아니라, 그의 삶에 회개의 열매가 있느냐 없느냐인 것입니다. 회개하지 않는 죄인들을 향한 하나님의 심판은 반드시 있습니다.

이 사실을 알고 나면 이런 의문이 생길 수 있습니다. "왜 사랑의 하나님이라면서 심판하시는가? 그냥 사랑으로 모든 죄인을 구원해주시면 되지 않는가?" 그러나 심판이 있을 수밖에 없는 너무나 분명한 이유가 있습니다. 비로 하나님께서는 죄와 상관없는 분이기 때문입니다. 빛과 어둠이 공존할 수 없듯이, 하나님과 죄인은 공존할 수 없습니다. 만약 하나님께서 죄를 그대로 수용하신다면 하나님의 속성인 거룩함이 손상을 입게 되고, 그러면 하나님은 스스로 모순에 빠지게 되어 더 이상 하나님이 되지 못합니다. 그래서 심판하시지 않을 수 없습니다. 따라서 이렇게 바꿔 말할 수 있습니다. 죄에 대한 심판은 하나님의 의지적 행위가 아니라 본성적 행위입니다.

본문 말씀은 '네가 구원받았는지 확신하려면 네 삶에 회개의 열매가 맺히고 있는지' 확인해보라고 합니다. 이렇듯 심판을 받지 않으려면 반드시 회개해야 합니다. 그렇다면 어떻게 하는 것이 진정한 회개의 열매를 맺는 일일까요?

　본문에 등장하는 사건과 예수님이 들려주시는 비유의 말씀을 통해, 진정한 회개의 열매를 맺기 위한 방법에 대해 살펴보고자 합니다. 본문은 진정한 회개의 열매를 맺으려면 세 가지 요소가 수반되어야 한다고 말합니다. 그런데 이 세 가지는 따로 떨어져있는 것이 아니라 하나입니다. 3단계로 발전되는 형태로 이루어져 있습니다.

첫째, 자신의 죄를 먼저 돌아볼 줄 알아야 합니다

제자들 중 두어 사람이 갈릴리에 다녀옵니다. 그리고 그들은 갈릴리에서 일어난 사건을 예수님께 전해드립니다.

　예루살렘으로 순례를 왔던 사람들이 있었나 봅니다. 그들이 성전에서 희생제물을 드리는데 느닷없이 빌라도가 군인들을 시켜서 그들을 죽였습니다. 그리고 그들의 피를 제물에 섞어버렸습니다. 왜 그랬는지에 대한 이유는 알려지지 않았는데, 그 지역에서는 무언가 잘못한 죄가 있기 때문에 하나님의 심판을 받은 것이라는 소문이 났습니다.

　예수님도 갈릴리 출신이시기에, 제자들은 예수님께 그런 끔찍한 사건을 말씀드린 것 같습니다. 그런데 그때 예수님께서 말씀하십니다. "너희는 이 갈릴리 사람들이 이같이 해 받으므로 다른 모든 갈릴리 사람보다 죄가 더 있는 줄 아느냐 너희에게 이르노니 아니라 너희도 만일 회개하지 아니하면 다 이와 같이 망하리라"(2-3절). 이어서 또 말씀하십니다. "또 실로암에서 망대가 무너져 치어 죽은 열여덟 사람이 예루살렘에 거한 다른 모든 사람보다 죄가 더 있는 줄 아느냐 너희에게 이르노니 아니라 너희도 만일 회개하지 아니하면 다 이와 같이 망하리라"(4-5절).

제자들은 이 말씀을 들었을 때, 어떤 반응을 보였을까요? 아마 전혀 예상하지 못한 예수님의 말씀에 좀 당황했을 것 같습니다. 그렇지만 이 말씀은 인간의 악한 본성을 훤히 꿰뚫어보시는 말씀입니다. 인간에게는 누구나 자신을 돌아볼 줄 모르는 지독한 자기모순이 있습니다. 자기가 아무리 큰 잘못을 해도, 다른 사람보다는 낫다고 생각하는 경향이 있습니다.

예전에 윷이 그려진 옷을 입고 나와 진행했던 '도진개진'이라는 개그 코너가 있습니다. 네다섯 사람이 나와서 몸을 흔들며 정치인이나 유명인들을 풍자하는 프로였습니다. '도진개진'이라는 말은 다른 말로 "오십 보 백 보" "얘나 쟤나"라는 뜻입니다. 우리는 '누가 더 선한가?' '누가 더 큰 죄를 지었나?'와 같이 서로를 재판하기도 하고 조금 윤리적으로 선하게 살면 존경도 받지만 거룩하신 하나님께서 보실 때는 도진개진, 오십 보 백 보라는 것입니다.

그렇다면 갈릴리 사람들이 죽임을 당했다는 이야기를 들었을 때, 제자들은 예수님의 말씀에 비추어 어떠한 반응을 보여야 마땅했을까요? "무슨 죄를 지었기에 죽었을까?"라고 생각할 것이 아니라, "만약 저 자리에 내가 있었다면 내가 죽었을 텐데" 하고 가슴을 쓸어내렸어야 합니다.

2011년 3월 11일, 일본에 지진이 나면서 후쿠시마에 쓰나미가 몰려왔습니다. 그때 사망자가 12,000명, 실종자가 15,000명으로 보고되었습니다. 정말 엄청난 재난을 당했습니다. 그런데 그때 다수의 한국 그리스도인이 보인 반응은 "일본 사람들이 과거에 저지른 잘못을 회개하지 않더니 하나님께서 심판하셨다"였습니다. 그러면서 은근히 속 시원해했습니다. 아무리 미워도 이는 옳지 않은 모습이지만, 이것이 우리의 본성적인 반응입니다.

그렇다면 그리스도인은 비극적인 사건을 볼 때, 어떤 반응을 보여야 할까요? 가슴을 쓸어내려야 합니다. "저 파도에 쓸려가는 자리가 바로 내 자리인데, 나도 하나님의 진노를 피할 수 없는 죄인인데 용케 진노를 면했구나!" 하면서, 자신의 죄를 돌아볼 수 있어야 합니다.

사실 목사라면 그러면 안 되는데, 가끔 뉴스를 보다가 저도 모르게 욕이 나올 때가 있습니다. 제가 아직 그 정도밖에 되지 못합니다. 얼마 전에도 참 목사답지 못한 말이 제 입에서 튀어나왔습니다. 그런데 그 순간, 불현듯 예수님의 말씀이 생각났습니다. "누구든지 죄 없는 자가 먼저 돌로 쳐라." 이 말씀 앞에서 얼마나 부끄러웠는지 모릅니다.

사실 목사는 정죄하는 일에 있어서 최고의 전문가입니다. 그래서 저는 늘 하나님 앞에 기도드립니다. "설교할 때 절대로 성도들을 정죄하지 않게 해주세요. 늘 나의 허물을 먼저 돌아볼 줄 아는 양심 있는 목사가 되게 해주세요."

우리는 하나님 앞에 죄인입니다. 누구에게 돌을 던질 수 없는 존재입니다. 그러니 자기 눈에 들보는 보지 못하면서 남의 눈의 티를 보며 비판하는, 아주 우스꽝스러운 존재가 되지 않았으면 좋겠습니다. 남의 허물을 이야기하기 전에, 먼저 나의 허물을 돌아볼 줄 알아야 합니다. 이러한 정직한 자기성찰만이 진정한 회개의 열매를 맺게 해줍니다. 이런 은혜가 있기를 바랍니다.

둘째, 아직 회개할 기회가 있음에 감격해야 합니다

자기성찰의 단계를 거치면 회개는 다음 단계로 발전하게 되는데, 그것은 마음에 감격하게 되는 단계입니다. 어떤 감격입니까?

제가 가끔 아픈 성도들을 심방하러 병원에 갈 때가 있는데, 그때 이런 생각이 듭니다. "왜 저분들은 아파야 하고, 나는 이렇게 멀쩡하게 걸어 다닐 수 있는 것일까?" 그분들은 아파야 하고 나는 안 아파야 하는 특별한 이유라도 있습니까?

이런 맥락에서 볼 때, 우리는 모두 죄를 지었기에 하나님의 심판을 피할 수 없는 운명입니다. 한 사람도 예외가 없습니다. 그런데 어쩌다가 나는 예수를 믿게 되었고 복된 자리에서 말씀을 들을 수 있게 되었으며, 어쩌다가 아직 나에게 회개의 열매를 맺을 수 있는 기회가 있는 걸까요? 이런 생각을 하면 마음에 감격이 생깁니다.

현대인들은 차를 타고 가다가도 십자가를 볼 수 있고 마음만 먹으면 방송으로도 얼마든지 하나님의 말씀을 들을 수 있으며, 직장 동료나 주변 사람들을 통해서 전도도 받을 수 있습니다. 그러나 모두가 복음에 대해 긍정적인 반응을 보이지는 않습니다. 오히려 듣기 싫어하는 경우가 더 많습니다. 그런데 어떻게 우리는 귀가 열려서 복음을 듣게 되었고 마음을 열고 복음을 받아들이게 되었으며, 회개할 기회를 얻게 된 것입니까? 우리가 똑똑하기 때문이 아닙니다. 우리가 선하기 때문도 아닙니다. 우리가 그런 존재가 못 된다는 것은 우리 자신이 잘 압니다. 오직 하나님께서 은혜를 주신 것입니다. 왜 하필이면 나를 선택하셔서 회개함으로 구원에 이르게 하셨는지 우리는 알지 못합니다.

본문을 보면 우리의 감격을 더해주는 이야기가 있습니다. 6절부터 나오는 포도원 비유입니다. 주인이 포도원에 무화과나무를 심었습니다. 6절에 "한 사람이 포도원에 무화과나무를 심은 것이 있더니"라는 말씀에서 "심은 것이 있더니"라는 말은, 시간상으로 무화과나무를 심은 지 오래되었다는 뜻입니다. 그리고 나서 이제 나무가 열매를 맺을 때가 되어 주인이 열매를 보러 왔습니다. 그런데 열매가 없습니다. 주인은 "이 나무는 좀 늦게 열매를 맺나보다" 하고 그 다음 해에 다시 왔습니다. 그런데도 열매가 없습니다. 그래서 "내년에는 열리겠지" 생각하고 3년째 와서 보는데, 아무 열매가 없습니다. 그러자 주인은 어떤 판단을 내립니까? 더 이상 아무런 기대를 할 수 없는 나무라고 단정 짓습니다. 그래서 포도원 지기에게 찍어버리라고 명령합니다.

저는 이 이야기 속에서 우리가 얼마나 구제 불능의 존재인가를 발견합니다. 인간은 하나님의 기대를 충족시킬 만한 존재가 되지 못합니다. 그럴 능력이 없습니다. 늘 죄를 짓고 죄책감에 짓눌려 삽니다. 이런 우리에게서 무슨 회개의 열매를 기대할 수 있습니까? 그래서 이미 도끼가 나무 뿌리에 놓여있습니다. 임박한 하나님의 진노를 머리에 이고 사는 상태가 지금 우리의 상태입니다. 언제라도 하나님의 심판이 머리에 떨어질 수 있습니다. 그런데 하나님께서는 가망이 없는 우리에게 아직도 회개의 기회를 주고 계십니다. 회개의 열매를 맺지 않는 우리도 대단하지만, 그런 인간들이 회개의 열매를 맺기를 기다리시는 하나님은 더 대단하십니다. 이러한 하나님의 은혜 앞에 감격이 있습니까? 하나님은 아직도 우리에 대한 기대를 갖고 계십니다. 여전히 회개할 기회를 주고 계십니다.

저는 제 자신이 정말 못 말리는 죄인이라는 사실을 압니다. 그런데도 또 회개할 기회를 주시고 기다려주시는 하나님께 감사할 수밖에 없습니다. 그렇습니다. 아직도 우리에게는 회개의 기회가 있습니다. 이 은혜에 감격하며 회개할 기회를 붙잡는 우리가 되기를 간절히 바랍니다.

셋째, 진정한 회개는 열매를 맺어야 합니다

자기성찰과 구원의 감격을 느끼는 단계를 지나면, 이제는 회개가 완성되는 마지막 단계가 있습니다. 바로 열매를 맺는 단계입니다.

본문을 보면 '열매'라는 말이 계속 반복됩니다. 이 열매의 특징은 순간적으로 맺히지 않고 시간을 두고 영글어간다는 것입니다. 우리는 흔히 '회개'라고 하면 그냥 일시적으로 잘못을 인정하는 것, 잘못할 때마다 "다시는 안 그럴게요" 하고 싹싹 빌면서 그때마다 위기를 면하려고 하는 정도로만 생각합니다. 그러나 그것은 회개가 아닙니다. 성경에서 말하는 진정한 회개는, 잘못을 뉘우치고 그 잘못으로부터 돌이키는 것입니다. 뉘우침의 열매가 나타나는 것을 말합니다.

예수님께서는 우리의 죄를 용서하시기 위해 십자가에 대신 죽으셨습니다. 성경은 예수님께서 십자가에 죽으심으로 영원한 속죄를 이루셨다고 선포합니다. 영원한 속죄가 무엇입니까? 우리가 과거에 지은 죄뿐만 아니라 지금 짓는 죄, 그리고 앞으로 지을 죄까지도 모두 용서하시는 것입니다.

이 말을 들으면 이렇게 생각할지도 모릅니다. "그럼 앞으로 죄를 지어도 되겠네?" 정직하게 말씀을 드리자면 그렇습니다. 그렇다면 우리의 현실을 놓고 이야기해봅시다. 우리가 앞으로 죄를 짓지 않을 자신이 있습니까? 어떤 형제는 회개하기가 너무 힘들다고 고백합니다. 왜 그런가 하면, 뻔히 또 죄를 지을 텐데 용서해달라고 하는 것이 염치가 없다는 겁니다.

이는 우리 모두의 말 못할 고민입니다. 그리고 우리는 앞으로도 죄를 짓고 회개하는 일을 반복할 것입니다. 다시 말해, 회개했다고 해서 완전히 그 죄로부터 돌이킬 수는 없습니다. 그러면 열매라는 말은 어떻게 이해해야 합니까? 이는 얼마나 대단한 회개의 열매를 맺느냐 하는 것이 중요한 것이 아닙니다. 물론 그럴 수만 있다면 더 바랄 것이 없겠지만, 회개의 열매가 얼마나 큰지에 초점을 맞추지 말고 '지금 나는 열매를 맺고 있느냐?'에 초점을 맞춰야 합니다.

땅에 뿌린 씨가 살아있으면 때가 되어 반드시 싹이 납니다. 그리고 자랍니다. 여기서 중요한 것은 자란다는 것입니다. 이렇듯 우리의 회개도 마찬가지입니다. 그 회개가 진정한 회개라면, 비록 시간이 걸리더라도 반드시 열매가 나타나게 되어 있습니다. 열매는 일순간에 맺혀지는 것이 아닙니다. 시간을 두고 조금씩 영글어 갑니다. 열매를 맺는 것이 중요한 것이지, 얼마나 탐스러운 열매를 맺는지는 중요하지 않습니다.

예를 들어 봅시다. 처음 예수를 믿을 때는 부부싸움을 하면 손에 잡히는 대로 집어던졌지만, 이제는 부부싸움을 할 때 안 깨지는 물건만 던진다면 그것은 회개의 열매입니다. 믿음생활 초창기에는 바가지를 긁기 시작하면 30분을 넘기던 아내가 이제는 15분으로 줄었다면 그것 또한 대단한 회개의 열매가 맺힌 것입니다. 중요한 것은 아주 조금이라도 그 삶에 변화가 감지되고 있다면, 그 사람은 회개의 열매가 있는 사람입니다.

하나님의 심판은 반드시 있습니다. 단지 그 심판이 연기되고 있을 뿐입니다. 본문에서도 밭의 주인이 열매를 얻기 위해 3년이나 왔다고 했습니다. 무엇을 말합니까? 하나님은 열매를 기대하십니다. 그래서 회개할 기회를 계속해서 주시고, 또 회개의 열매를 기다리십니다. 그러므로 우리가 맺어야 할 회개의 열매는 무엇인지, 우리가 돌이켜야 할 죄는 무엇인지 돌아봅시다. 그리고 말씀 앞에서 정직하게 자신을 돌아볼 수 있으면 좋겠습니다. 하나님의 심판은 반드시 있습니다. 내 속에 예수의 생명의 씨앗이 심겨있다면, 분명 나의 삶에 변화는 나타나게 되어 있습니다. 회개의 열매를 맺는 우리가 되기를 바랍니다.

한 청년이 교회를 다니면서도 문란한 생활을 했다고 합니다. 그러던 어느 날, 그가 정말 아름다운 자매를 만나게 되었습니다. 그리고 사랑에 빠졌습니다. 그 자매와 정말 결혼하고 싶었습니다. 그래서 하나님께 기도를 드렸습니다. "하나님, 이 자매와 결혼하게 해 주세요. 결혼하게 되면 다시는 바람을 안 피우겠습니다. 만약 또 바람을 피우면 그때는 저를 죽이셔도 좋습니다."

하나님께서는 청년의 기도를 들어주셨고, 드디어 결혼했습니다. 그 후 1년 동안은 아무 문제없이 잘 살았습니다. 그런데 1년쯤 지나니까 또 옛날 버릇이 나옵니다. 그러다가 참다못해 바람을 폈습니다. 그 순간, 그는 하나님이 벼락을 쳐서 자기를 죽이실 거라고 생각했습니다. 그러나 아무 일도 일어나지 않았습니다.

그러자 청년은 용기가 생겼습니다. 그래서 이제는 더 자주 바람을 피웠습니다. 2년이 지나고 3년째가 되었습니다. 여전히 바람을 피웠지만 아무 일도 일어나지 않았습니다. 3년째 되는 어느 날, 이 청년이 배를 타고 여행을 하게 되었습니다. 배에는 청년 외에도 100명 정도의 승객이 타고 있었습니다. 배가 출발할 때는 날씨도 좋았습니다. 그런데 배가 바다 한가운데로 나가자 멀쩡하던 바다에 거센 풍랑이 일기 시작했습니다. 그리고 풍랑이 더 심해지더니 배가 파선할 지경에 이르렀습니다. 잔뜩 겁에 질린 청년은 하나님께 기도를 드렸습니다. "하나님, 제가 약속을 지키지 못했습니다. 그렇지만 저 하나 죽이겠다고 이 배에 탄 나머지 100명을 다 죽이시지는 않겠죠?" 그때 하나님께서 청년에게 나타나시더니 말씀하십니다. "너 같은 쓰레기들을 한 배에 모으느라 3년이 걸렸다."

지금 무사하다고 해서 하나님의 심판이 없다고 판단하는 것은 굉장히 어리석은 일입니다. 하나님의 심판은 지금 연기되고 있는 것뿐입니다.

이제 중요한 질문에 답해봅시다. 이렇게 구제 불능인 우리가 과연 회개의 열매를 맺는 일이 가능할까요? 여기에 대한 대답이 본문에 나타납니다. 이 모든 일을 가능하게 하시는 분이 바로 예수 그리스도이십니다. 예수님은 우리가 회개의 열매를 맺도록 두 가지 일을 하고 계십니다. 8절과 9절에 그 내용이 나옵니다. "주인이여 금년에도 그대로 두소서 내가 두루 파고 거름을 주리니 이 후에 만일 열매가 열면 좋거니와 그렇지 않으면 찍어버리소서."

예수님이 하시는 한 가지 일은 하나님께 탄원을 올리는 것입니다. 여기서 말하는 포도원 지기가 누구겠습니까? 바로 예수님이십니다. 그럼 주인은 누구입니까? 하나님이십니다. 포도원 지기가 밭 주인인 농부에게 탄원합니다. "제가 나무마다 물도 주고 거름도 주고 최선을 다해 농사를 한 번 더 지어볼 테니, 금년 한 해만 더 참아주십시오." 죄인들에게 회개할 기회, 회개할 시간을 달라고 탄원하고 있는 것입니다.

히브리서에 보면, 예수님은 지금 하나님 우편에서 죄인들을 위해 친히 간구하고 계신다고 했습니다. 무엇을 간구하십니까? 죄인들에게 내릴 하나님의 심판을 늦춰달라고 간구하십니다. 하나님의 공의를 생각하면, 아마 하늘에서 벼락이 그칠 날이 없을 것입니다. 그러나 죄인들이 극악무도한 죄를 지을 때마다 예수님께서 탄원하십니다. "하나님, 그래서 제가 저 죄인을 위해 십자가에서 죽지 않았습니까? 십자가의 희생을 보시고 저 인간을 좀 용서해주십시오." 한 사람이라도 더 회개하고 하나님의 심판에 이르지 않기를 원하시는 예수님의 기도 덕분에, 지금도 하나님의 심판은 지연되고 있습니다. 그래서 아직도 우리에게는 회개의 기회가 있습니다.

예수님이 하시는 또 다른 일은 우리에게 회개할 수 있는 힘을 공급해주시는 것입니다. "내가 두루 파고 거름을 주리니." 도랑을 두루 파고 거름을 준다는 말이 무엇입니까? 나무에게 영양을 공급해주는 것입니다. 그렇습니다. 우리 힘으로는 회개의 열매를 맺을 수 없습니다. 우리는 회개에 합당한 열매를 맺을 만한 종자도 아니고, 훌륭한 나무도 아닙니다. 여전히 열매가 부실할 수밖에 없어 나 자신을 포기했는데, 놀랍게도 예수님께서 우리를 포기하지 않으신다는 겁니다. 열매가 없어도 포기하지 않으시고, 또 성령님을 우리 마음에 보내셔서 끝까지 회개할 수 있도록 힘을 공급해주십니다. 그리고 마침내 주인이 기뻐할 열매를 맺게 하십니다.

　이 말씀을 통해 자기 자신을 정직하게 돌아볼 수 있기를 바랍니다. 나는 회개할 수 있는 힘조차 없는 사람입니다. 그러나 오늘도 참아주시고 기다리시는 하나님의 은혜로 말미암아 회개의 열매를 맺을 수 있는 줄 믿습니다. 그러니 이제 끊을 것은 끊고 버릴 것은 버립시다. 그래서 죄로부터 온전히 돌이키는 참된 회개의 열매를 맺게 되기를 바랍니다.

• 6장 •

믿음을 위한 질문, 대답하는 믿음

> Q. 나는 하나님 앞에 어떤 사람으로 서 있습니까?
> 하나님께 믿음의 고백을 드려봅시다.

A.

> **7장**
>
> ## 믿음은 실패한 자리에서의 회복입니다

3 시몬 베드로가 나는 물고기 잡으러 가노라 하니 그들이 우리도 함께 가겠다 하고 나가서 배에 올랐으나 그날 밤에 아무것도 잡지 못하였더니 **4** 날이 새어갈 때에 예수께서 바닷가에 서셨으나 제자들이 예수이신 줄 알지 못하는지라 **5** 예수께서 이르시되 얘들아 너희에게 고기가 있느냐 대답하되 없나이다 **6** 이르시되 그물을 배 오른편에 던지라 그리하면 잡으리라 하시니 이에 던졌더니 물고기가 많아 그물을 들 수 없더라 **7** 예수께서 사랑하시는 그 제자가 베드로에게 이르되 주님이시라 하니 시몬 베드로가 벗고 있다가 주님이라 하는 말을 듣고 겉옷을 두른 후에 바다로 뛰어 내리더라 **8** 다른 제자들은 육지에서 거리가 불과 한 오십 칸쯤 되므로 작은 배를 타고 물고기 든 그물을 끌고 와서 **9** 육지에 올라보니 숯불이 있는데 그 위에 생선이 놓

였고 떡도 있더라 10 예수께서 이르시되 지금 잡은 생선을 좀 가져오라 하시니 11 시몬 베드로가 올라가서 그물을 육지에 끌어 올리니 가득히 찬 큰 물고기가 백쉰세 마리라 이같이 많으나 그물이 찢어지지 아니하였더라 12 예수께서 이르시되 와서 조반을 먹으라 하시니 제자들이 주님이신 줄 아는 고로 당신이 누구냐 감히 묻는 자가 없더라
(요한복음 21장 3~12절)

이 시대에는 해도 안 된다는 패배 의식이 우리의 마음을 사로잡고 있는 것 같습니다. 그렇기에 우리에게는 다시 일어설 수 있는 용기가 필요합니다. 어떻게 해야 절망의 자리에서 털고 일어나 다시 달려갈 수 있을까요?

  이 장에서는 디베랴 바닷가에서 고기를 잡고 있던 제자들의 모습을 살펴보고자 합니다. 본문에서 제자들의 마음은 깜깜한 밤처럼 어두웠습니다. 인생을 걸고 3년 동안 예수님을 따라다녔지만, 손에 쥔 것은 아무것도 없었기 때문입니다. 이미 두어 번 부활하신 예수님을 만나기는 했지만, 그들의 마음을 흥분시킬 만한 특별한 일이 일어나지는 않았던 것 같습니다. 다시 이전의 본업으로 돌아간 제자들의 모습 속에서, 그들의 실패 의식을 진하게 느낄 수 있습니다. 그런데 그런 그들에게 예수님께서 찾아오십니다.

  예수를 믿어서 정말 좋은 것이 있습니다. 바로 다시 시작할 수 있다는 것입니다. 아무리 어제까지 엄청난 실패를 했어도, 우리는

오늘 다시 시작할 수 있습니다. 하나님은 언제나 내일이라는 새날을 창조하시고 새 일을 준비해놓으십니다. 그렇기에 내일을 맞이하려면 우리도 새로워져야 합니다. 만약 실패에 관한 생각을 품은 채 내일을 맞이한다면, 내일은 새날이 아니라 연장된 실패의 날입니다.

그렇다면 어떻게 다시 시작할 수 있습니까? 예수님을 만나야 합니다. 내가 결심한다고 해서 실패를 딛고 일어설 수 있는 것이 아닙니다. 예수님을 만나야 합니다. 본문을 보십시오. 제자들이 예수님을 찾아간 것이 아니고, 예수님께서 제자들을 찾아오셨습니다. 찾아오셔서 다시 일으켜 주셨습니다.

무력감으로부터 회복시키십니다

실패한 사람들에게 나타나는 세 가지 현상이 있습니다. 무력감, 무감각, 무거운 부끄러움입니다. 예수님께서는 이 세 가지 실패 의식으로부터 제자들을 회복시키십니다. 그래서 다시 시작하게 하십니다.

먼저 3절을 보겠습니다. "시몬 베드로가 나는 물고기 잡으러 가노라 하니 그들이 우리도 함께 가겠다 하고." 물고기 잡으러 간다는 베드로의 말속에서 무엇을 느낍니까? 자포자기한 그의 심정을 느낍니다. 어떠한 희망도 느껴지지 않습니다. 그래서 어떤 주석가는 이 구절을 놓고 이렇게 말했습니다. "절망 속에 이루어진 목적 없는 행동이다." 그러나 사실 목적이 없지는 않았습니다. 당장 먹고는 살아야 하니까, 생계를 위해 제일 잘할 수 있는 일을 하겠다고 나선 것입니다. 그리고 베드로의 말에, 다른 제자들도 함께 물고기를 잡겠다고 따라나섰습니다. 나머지 제자들도 베드로와 별반 다를 것 없는 마음을 가지고 있었던 겁니다.

그렇다면 예수님은 실패에 젖어있는 제자들을 어떻게 회복시키십니까? "그날 밤에 아무것도 잡지 못하였더니"(3절). 이 구절이 참 이상합니다. 베드로를 비롯한 다른 제자들은 원래 어부였습니다. 갈릴리 바다에서 잔뼈가 굵은 사람들입니다. 언제, 어디에 그물을 던지면 고기가 잘 잡히는지 누구보다 잘 압니다. 원래 유대 지역은 낮에 덥기 때문에, 고기들이 시원한 호수 바닥으로 내려간다고 합니다. 그리고 밤이 되면 수면 가까이 올라옵니다. 그래서 베드로는 밤에 고기를 잡으러 갔습니다. 그런데 밤새도록 아무것도, 피라미 한 마리도 잡지 못합니다. 제자들이 고기를 잡기 위해 그물을 바다에 몇 번이나 던졌을까요? 수십 번 던졌을 겁니다. 그런데 한 마리도 잡히지 않습니다. 아무리 생각해도 이해할 수 없습니다. 그러나 고기가 잡히지 않은 것은, 예수님께서 제자들을 찾아오시는 하나의 방법이었습니다.

옛날에는 병원 가는 일이 그리 쉽지 않았습니다. 그래서 피부에 상처가 생겨 감염되고 곪으면서 벌겋게 부어오르면, 부모님은 더 곪게 놔두라고 했습니다. 그리고 고름이 누렇게 가득 차오르면 그때 바늘로 상처를 찔러서 터지게 하고, 고름을 인정사정없이 짜

냈습니다. 예수님께서 제자들에게 이와 같은 방법을 사용하셨다고 생각해 보았습니다. 실패감에 매몰되어 있는 제자들에게 고기를 잡히지 않게 하심으로 더 깊은 실패를 맛보게 하신 것입니다. 저는 이런 생각을 하며 혼자 웃었습니다. 제자들이 그물을 던질 때마다 예수님께서 후 하며 물고기들을 쫓아버리십니다. 제자들은 밤새도록 그물을 던지고, 예수님은 밤새도록 물고기를 쫓아버리십니다. 그렇게 함으로 제자들을 만나주십니다. 그리고 말씀하십니다. "그물을 배 오른편에 던지라 그리하면 잡으리라 하시니 이에 던졌더니 물고기가 많아 그물을 들 수 없더라"(6절). 나중에 보니 물고기가 잡히지 않은 것도 하나님의 은혜였습니다.

우리의 실패 또한 동일한 이유가 아닐까 생각해 봅니다. 우리가 실패했기에 두 손 들고 하나님 앞에 나올 수 있는 것이 아닐까요? 무력감을 맛보았기에 예수님이 찾아오실 때 예수님을 알아볼 수 있는 것이 아닐까요? 역설적으로 실패했기 때문에, 우리는 예수님을 만날 수 있고 그 실패에서 일어설 수 있습니다.

우리가 겪고 있는 실패도 영적인 관점으로 바라봅시다. 내가 스스로 아무것도 할 수 없기에 예수님 앞에 나올 수 있었고, 그래서 다시 용기를 내어 일어설 수 있었다면 그 실패는 오히려 예수님을 만나는 통로이고, 다시 일어설 수 있는 기회입니다. 오직 예수님만이 나를 무력감으로부터 해방시키십니다.

무감각으로부터 회복시키십시오

우리에게 무력감보다 더 무서운 병이 있습니다. 바로 영적 무감각입니다. 4절을 보겠습니다. "날이 새어갈 때에 예수께서 바닷가에 서셨으나 제자들이 예수이신 줄 알지 못하는지라."

제자들이 예수님을 알아보지 못합니다. 예수님은 얼마나 오랫동안 바닷가에 계셨을까요? 4절에 "예수이신 줄 알지 못하는지라"라고 했는데, '알지 못했다'는 동사의 시제는 과거완료입니다. 이 시제가 가지는 의미는 '상당히 오랜 시간 동안 알아보지 못했다'는 뜻이고, 결국 그 말은 예수님이 오랜 시간 동안 바닷가에 계셨다는 것을 추측하게 합니다. 제자들이 밤새 그물을 던질 때, 예수님은 그들을 보고 계셨습니다. 그러나 제자들은 예수님을 알아보지 못했습니다.

물론 밤은 어둡기에 예수님을 알아보지 못할 수 있습니다. 그러나 '날이 새어갈 때'라는 말은, 이젠 어렴풋이나마 형체를 알아볼 수 있게 되었을 때라는 뜻입니다. 새벽에 바닷가에 서 있을 사람이 누가 있겠습니까? 그렇기에 제자들은 예수님을 알아보아야 했습니다. 왜냐하면 사랑하는 선생님이시기 때문입니다. 게다가 3년 동안 동고동락했기에, 예수님의 뒷모습만 보아도 알아차릴 수 있었을 겁니다. 그런데도 그들은 예수님을 전혀 알아보지 못합니다. 그러자 예수님께서는 그들이 알도록 어떻게 하십니까?

과거의 사건들을 기억하게 하심으로 깨닫게 하십니다. 먼저 물고기를 한 마리도 잡지 못한 제자들에게 153마리나 잡게 하셨습니다. 그때 가장 눈치가 빨랐던 요한이 예수님이신 것을 알아차립니다. 이 사건은 예수님께서 처음 제자들을 부르시던 때를 기억나게 합니다. 그때도 제자들은 갈릴리 호숫가에서 물고기를 잡고 있었습니다. 한 마리도 잡지 못하고 있을 때, 예수님께서 깊은 데로 그물을 던지라고 하셨습니다. 그러자 어떤 일이 일어났습니까? "선생님 우리들이 밤이 새도록 수고하였으되 잡은 것이 없지마는 말씀에 의지하여 내가 그물을 내리리이다 하고 그렇게 하니 고기를 잡은 것이 심히 많아 그물이 찢어지는지라"(눅 5:5-6). 이 일이 있자마자 베드로는 그물을 버려두고 즉시로 예수님을 쫓았다고 했습니다. 그리고 이번에도 예수님이신 것을 직감적으로 알아차릴 수 있었습니다.

또 한 가지, 예수님이 누구신지 기억나게 하는 일이 있습니다. 예수님께서는 제자들의 조반을 준비하려고 숯불을 피워 떡과 물고기를 굽고 계셨습니다. 냄새 중에 숯불 냄새가 가장 강하다고 합니다. 그리고 이 숯불은 예수님께서 재판받으실 때 베드로가 추워서 숯불을 쬐고 있다가 사람들에게 예수님의 제자인 것이 들통나자, 예수님을 부인하고 도망쳤던 일을 생각나게 했습니다. 예수님은 과거에 제자들이 경험했던 잊을 수 없는 일을 생각나게 하심으로, 제자들의 영적 감각을 되살리고 회복시키십니다.

광야 생활을 끝내고 가나안 땅으로 들어가려는 이스라엘 백성들에게, 하나님께서 신신당부하신 말씀이 있습니다. 잔소리처럼 반복해서 말씀하신 것입니다. 그것은 기억하라는 말씀입니다. 몇 구절을 예로 들겠습니다. "네 하나님 여호와께서 너를 인도하여 내실 때에 네가 본 큰 시험과 이적과 기사와 강한 손과 편 팔을 기억하라"(신 7:19). "네 하나님 여호와께서 이 사십 년 동안에 네게 광야 길을 걷게 하신 것을 기억하라"(신 8:2). "너는 애굽 땅에서 종 되었던 것과 네 하나님 여호와께서 너를 속량하셨음을 기억하라"(신 15:15).

우리는 과거에 함께 해주셨고, 또 우리 삶에 행하신 수많은 기적과 같은 하나님의 은혜를 기억해야 합니다. 하나님은 오랜 세월 동안 간구했던 많은 기도에 신실하게 응답하셨습니다. 위기의 순간에 건져주셨습니다. 그런데도 이것들을 기억하지 못하고 실패감에 사로잡히게 되면, 우리는 제일 먼저 이렇게 말합니다. "하나님이 어디 계시냐?"

실패감은 하나님을 느끼지 못하게 합니다. 찬송을 불러도, 기도해도 아무런 감흥이 없습니다. 그야말로 피리를 불어도 춤을 추지 않습니다. 하나님을 보는 눈이 가려집니다. 예수님께서는 이런 우리를 찾아오셔서 영적 무감각을 일깨워주십니다. 그래서 다시 실패의 자리를 딛고 일어서게 하십니다.

예수님께서 우리의 영적 감각을 깨워주시기를 바랍니다. 힘들었던 순간에 예수님께서 나를 어떻게 건져주셨는지 은혜를 기억하며 다시 일어서는 시간이 되기를 간절히 바랍니다.

무거운 부끄러움으로부터 회복시키십시다

12절을 보겠습니다. "예수께서 이르시되 와서 조반을 먹으라 하시니 제자들이 주님이신 줄 아는 고로 당신이 누구냐 감히 묻는 자가 없더라." 제자들은 왜 묻지 못했을까요? 면목이 없었기 때문입니다. 예수님을 뵐 낯이 없었습니다. 그들은 예수님이 십자가에 못 박히실 때, 목숨을 부지하기 위해 도망쳤습니다. 심지어 베드로는 "다 주를 버릴지라도 나는 주를 버리지 않겠다"고 호언장담했지만, 예수님을 부인했습니다.

14절에 보니, 예수님께서 이번에 나타나신 것은 부활하신 후에 세 번째라고 밝힙니다. 벌써 부활하신 예수님을 두 번이나 만났다면, 그들은 함께 모여 기도하거나 부활에 대해 이야기꽃을 피웠어야 합니다. 그런데 지금 그들은 물고기를 잡으러 갔습니다. 어떤 뜻입니까? 어떤 기대도 하지 않은 겁니다. 엄청난 사건, 죽은 자가 살아난 것을 분명히 보았음에도 그들의 모습 속에는 어떤 흥분도, 희망도 느껴지지 않습니다.

게다가 2절에는 바닷가에 디두모라고 하는 도마가 있었다고 특정인의 이름을 밝힙니다. 앞장인 20장에 보면, 도마는 부활하신 예수님의 옆구리에 손가락을 넣어보고는 "나의 주님이시요 나의 하나님이시니이다"(요 20:28)라고 고백까지 했습니다. 예수님께서 이런 제자들에게 세 번째 찾아오셨는데 알아보지 못합니다. 얼마나 부끄럽습니까? 그러나 예수님은 이들을 책망하시거나 부끄러운 그 모습을 들춰내지 않으십니다. 오히려 밥상을 차려주십니다.

우리에게도 제자들과 같은 부끄러운 모습이 있습니다. 새해가 되면 우리는 결심하고 하나님 앞에서 새롭게 각오도 다집니다. "올해는 성경을 꼭 한 번이라도 통독하겠습니다." "예배에 열심히 참석하겠습니다." "내가 예수 믿는 것, 직장 동료들이 알게 하겠습니다." 그러나 그대로 다 지켰을까요? 나만 아는 부끄러움이 내 안에 있습니다. 그런데 예수님은 우리를 부끄럽게 하지 않으십니다. 죄를 들추어내며 창피를 주지 않으십니다.

축구선수 이영표 씨가 소년원에서 간증하며 이런 이야기를 했다고 합니다. "여러분, 구치소 안에 있는 사람과 구치소 밖에 있는 사람의 차이가 뭔지 아세요? 구치소 안에 있는 사람들은 죄가 들킨 사람들이고, 구치소 밖에 있는 사람들은 재수 좋게 안 들킨 사람들입니다." 참 공감이 되는 말입니다. 저도 가끔 시사 프로그램에서 유명 목사님들의 비리가 보도되는 것을 보고 있노라면, 가슴을 쓸어내립니다. 저도 사실 그들보다 나은 점이 별로 없기 때문입니다.

그리스도인은 부끄러움을 알아야 합니다. 하나님께서 은혜로 덮어주시는데, 그것도 모르고 자기가 잘하고 있는 줄 착각하면 안 됩니다. 우리는 구원받을 자격이 있어서 구원받은 것이 아닙니다. 잘못한 것이 많은 부끄러운 우리를, 예수님께서는 오히려 은혜를 주셔서 부끄러움을 깨닫게 하십니다. 그래서 실패로부터 회복시켜 주십니다.

영화 〈레미제라블〉에 보면, 복역을 마친 죄수가 추위를 피해 성당으로 들어갑니다. 그리고 그곳에 있던 한 사제가 따뜻한 차와

담요를 그에게 제공해줍니다. 다음 날 아침, 그곳을 떠나려던 죄수의 눈에 반짝거리는 교회 기물들이 들어옵니다. 그러자 죄수는 황급히 기물들을 주머니에 담습니다. 모두 담은 후 떠나려는 그 순간, 경찰이 들이닥칩니다. 훔친 물건들을 들킵니다. 전과도 있으니 다시 감옥에 들어가면 이제 영영 못나올지도 모릅니다. 그런데 경찰 앞에서 벌벌 떨고 있는 죄수에게 반전이 일어납니다. 사제가 '그 물건들은 자신이 챙겨준 것'이라고 거짓말을 한 것입니다. 이때 죄수는 연기를 잘해야 합니다. 당당해질 필요가 있습니다. 경찰이 보기에 아무 죄도 없는 것처럼 보여야 합니다. 사제가 감싸주려고 거짓말까지 했는데, 당황해하다가 들키면 일을 그르칠 수 있습니다. 이 일이 있고 난 뒤, 죄수는 이렇게 말합니다. "그의 한마디면 난 잡혀가 채찍을 맞으며 살았겠지. 그러나 그는 내게 자유를 주었네. 부끄러움이 비수처럼 내 심장을 찌르네."

우리의 모습이 바로 이 죄수와 같습니다. 말도 안 되는 사제의 말 앞에서 얼떨떨해서 서 있는 죄수의 모습, 이 모습이 디베랴 바닷가에서 예수님을 만난 제자들의 모습이고, 또한 오늘날 우리의 모습입니다.

나는 지금 어떤 실패를 맛보고 있습니까? 우리는 모두 디베랴 바닷가에서 고기를 잡던 제자들처럼 이런저런 모양의 실패를 가지고 있습니다. 지나간 삶을 돌아보면 잘한 일보다 잘못한 일들이 생각납니다. 그래서 무력감과 무감각, 무거운 부끄러움을 가지고 있습니다. 그러나 기억해야 할 사실이 있습니다. 하나님께서는 언제든지 그분 앞으로 나아갈 때, 우리를 용서하시고 회복시키십니다. 이것을 믿어야 합니다.

지금 어떤 실패로 괴롭습니까? 하나님 앞에 헌신을 다짐하고 지키지 못해서, 스스로 구제 불능이라고 느껴서, 혹은 믿음이 왜 이렇게 성장하지 않냐고 여기며 심한 영적 자기 혐오증에 빠져있지는 않습니까? 지금까지 행복을 위해 그토록 발버둥 쳤는데, 그 숱한 노력이 헛수고였다는 실패 의식이 우리의 마음을 짓누르고 있지는 않습니까?

예수님은 밤새도록 실패한 우리를 보고 계셨습니다. 그리고 실패한 제자들을 찾아오신 예수님께서 우리를 찾아오십니다. 우리는 스스로 회복할 수 없고 스스로 일어설 수 없기에, 예수님께서 먼저 찾아오십니다. 그리고 우리를 회복시키십니다.

내가 예수님을 붙잡았다면 내가 놓을 수도 있습니다. 그러나 예수님께서 내 손을 잡으셨기에, 예수님이 놓으시기 전에는 절대로 예수님께로부터 떨어지지 않습니다. 그리고 예수님께서 말씀하십니다. "와서 조반을 먹으라." 이것은 교제의 초청입니다. 그러니 다시 예수님과 교제를 시작합시다. 이를 통해 모든 실패의 자리로부터 회복되어 새 출발을 하게 되기를 바랍니다.

• 7장 •

믿음을 위한 질문, 대답하는 믿음

> Q. 과거 혹은 현재 내가 맛본 실패는 무엇입니까? 또한 그 실패를 떠올릴 때 어떤 마음이 듭니까?

A.

PART 2

믿음이 나로부터 멀어지게 하는 것들

8장
탐심 : 내 것이라는 착각

6 그러나 자족하는 마음이 있으면 경건은 큰 이익이 되느니라 7 우리가 세상에 아무것도 가지고 온 것이 없으매 또한 아무것도 가지고 가지 못하리니 8 우리가 먹을 것과 입을 것이 있은즉 족한 줄로 알 것이니라 9 부하려 하는 자들은 시험과 올무와 여러 가지 어리석고 해로운 욕심에 떨어지나니 곧 사람으로 파멸과 멸망에 빠지게 하는 것이라 10 돈을 사랑함이 일만 악의 뿌리가 되나니 이것을 탐내는 자들은 미혹을 받아 믿음에서 떠나 많은 근심으로써 자기를 찔렀도다

(디모데전서 6장 6~10절)

인간에게는 욕망이 있습니다. 이는 하나님이 인간을 만드실 때 함께 주신 것입니다. 그렇기에 우리가 욕망을 가지는 것이 잘못된 것은 아닙니다. 예를 들면 식욕이 있기에 생존할 수 있는 것이고, 성욕이 있기에 인류가 멸망하지 않고 역사를 이어나갈 수 있습니다. 그러나 인간이 타락하면서 하나님께서 주신 욕망도 변질되었습니다. 존중받고 싶은 마음이 지나쳐 남의 권리를 짓밟게 되었고, 성욕이 지나쳐 담 너머 이웃집의 아내를 탐하게 되었습니다. 돈은 단지 살아가는 수단에 불과한데, 그 욕구가 지나쳐 도덕성을 상실하면서까지 가지려고 합니다.

그렇다면 인간이 탐심을 가지게 되는 이유가 뭘까요? 바로 부족하다는 생각 때문입니다. 부족하다는 생각이 현실의 삶을 왜곡된 눈으로 바라보게 합니다. 생각해봅시다. 돈이 없으면 불편할 수는 있지만, 꼭 불행한 것은 아닙니다. 그러나 사람들은 돈이 없는 것을 불행한 것으로 여깁니다. 다른 사람이 볼 때는 그 정도 있으면 이미 충분히 가진 것 같은데, 당사자는 더 많이 가져야 행복할 수 있다고 생각합니다. 부족하다는 생각이 드는 순간부터, 탐욕이 발동하기 시작합니다.

우리의 마음은 감사한 마음으로 가득합니까? 혹시 좀 더 가지지 못해서 스스로 불행하다고 생각합니까? 예수님께서 말씀하셨습니다. "삼가 모든 탐심을 물리치라 사람의 생명이 그 소유의 넉넉한 데 있지 아니하니라"(눅 12:15). 이 말씀은 "사람의 행복은 소유의 많고 적음에 달려있지 않다. 탐심이 너희 삶을 왜곡되게 보게 함으로써 스스로 불행하다고 생각하기 때문에, 반드시 탐심을 물리쳐야 한다"고 말씀하시는 것입니다.

    탐심의 중심에는 돈이 있습니다. 돈은 우리의 탐심을 자극하는 가장 효과적인 사탄의 수단입니다. 물론 돈에 문제가 있는 것은 아닙니다. 돈은 우리가 인생을 살아가는 데 있어 없어서는 안 될 꼭 필요한 수단입니다. 문제는 그 돈을 바라보는 우리의 눈, 돈을 다루는 우리의 마음에 있습니다. 그렇기에 아무리 돈을 불태워 없앤다고 해도 인간의 탐욕스러운 마음이 바뀌지 않는 한, 사탄은 언제든지 돈을 가지고 우리를 망하게 할 수 있습니다. 돈은 사탄이 인간을 넘어뜨리는 가장 성능 좋은 무기입니다. 과거나 현재나 장차 올 미래에서도 모두 통하는 전천후 무기입니다.

    그렇다면 어떻게 해야 우리 마음으로부터 탐심을 물리치고 항상 감사한 마음으로 살아갈 수 있을까요? 본문에서 당시 사도 바울의 편지를 받은 교회 안에는 재물을 대하는 두 부류의 사람들이 있었던 것 같습니다. 한 부류는 7절에 '우리'라는 그룹입니다. 바울과 디모데, 그리고 풍족하지는 않지만 매일 하나님이 주시는 일용할 양식을 먹고 살면서 자족하는 사람들입니다. 또 한 부류는 9절에 '부하려 하는' 사람들입니다. 예수를 믿기는 하지만, 돈에 대한 애착이 강하고 돈을 모으는 일에 욕심을 내는 사람들입니다.

    바울은 탐욕에 관한 교훈을 주기 위해 편의상 두 부류로 나누고, 어떻게 하면 그리스도인이 탐욕을 다스리는 마음을 가지고 살 수 있을지에 대해 교훈합니다.

자족하는 자세를 가져야 합니다

"우리가 세상에 아무것도 가지고 온 것이 없으매 또한 아무것도 가지고 가지 못하리니 우리가 먹을 것과 입을 것이 있은즉 족한 줄로 알 것이니라"(7-8절). 족한 줄로 아는 마음은 재물이 별로 없어도 그로 인해 풍랑이 일어나지 않는 마음입니다. 이런 마음을 가진 사람은 좋은 집에 사는 것도 아니고 화려한 옷을 입고 다니는 것도 아닌데 늘 만족스럽습니다.

그런데 이러한 만족을 얻기 위해서는 항상 잊지 말아야 할 두 가지 사실이 있습니다. 첫째는 인생이 어떠한지 알아야 합니다. 7절에 "우리가 세상에 아무것도 가지고 온 것이 없으매 또한 아무것도 가지고 가지 못하리니"라는 말씀은 정말 진리입니다. 그렇기에 아무리 거창하게 쌓아놓고 사는 사람을 보고, 엄청나게 비싼 땅과 건물을 가지고 사는 사람을 봐도 하나도 부럽지 않은 것입니다. 아무리 잘 살고 돈이 있다고 으스대봐야, 인간은 이 세상에 빈손으로 왔다가 빈손으로 간다는 사실을 알기 때문입니다. 아무리 많이 소유한다고 해도, 죽으면 결국 그 소유가 다른 누군가의 손으로 넘어갈 것입니다. 이것이 우리의 인생입니다. 모든 게 부질없는 일입니다. 그래서 이러한 인생의 결국을 아는 사람은 자기에게 주어진 것으로 만족할 줄 압니다. 쓸데없이 탐욕을 부리지 않습니다.

둘째는 하루하루 먹고 사는 것이 하나님의 은혜인 것을 알아야 합니다. 8절에는 "우리가 먹을 것과 입을 것이 있은즉 족한 줄로 알 것이니라"라고 했습니다. 누가 우리의 먹을 것과 입을 것을 주셨습니까? 공중의 새를 먹이시는 하나님, 들의 백합화를 입히시는 하나님, 때가 되면 우리에게 필요한 것을 공급해주시는 하나님이십니다. 그분을 아버지로 믿는 믿음, 이 믿음이 있으면 자족하는 삶을 살 수 있습니다.

그런데 인간은 자꾸 하나님의 은혜를 잊어버리고, 틈만 나면 탐심에게 문을 열어줍니다. 출애굽기 16장에 보면, 이스라엘 백성들이 먹을 것을 얻을 수 없는 광야를 지날 때 하늘에서 만나가 내렸습니다. 이때 하나님께서 한 가지 원칙을 말씀하셨는데, 그것은 그날 먹을 양만 거두어들이는 것입니다. 그러나 탐욕을 부린 인간은 이틀 분, 삼일 분을 거두어들였습니다. 결국 어떻게 되었습니까? 모두 썩어버렸습니다.

그렇다면 하나님께서는 왜 그날의 양식만 거두게 하셨습니까? 매일 아침마다 만나를 거두기 위해 나갈 때, 그것이 어디서부터 왔는지 항상 기억하고 감사하라는 뜻이었습니다. 이틀 분부터는 내가 거두어들였다고 생각하기 때문입니다. 하나님께서 탐욕을 경계하신 것입니다.

어느 동네에 결혼한 지 30년이 됐지만 한 번도 싸우지 않은 예순 살 동갑내기 부부가 있었습니다. 어느 날 그 부부가 사이좋게 잘 사는 걸 보신 하나님께서 상을 주기 위해 나타나십니다. 그리고 그들에게 소원을 한 가지씩 들어주겠다고 말씀하십니다. 먼저 아내가 말합니다. "저는 남편과 해외여행을 한 번도 못 가봤는데 일주일 동안 해외여행을 보내주세요." 그러자 하나님께서 항공권과 숙박권을 주셨습니다.

이번에는 하나님께서 남편에게 물으십니다. "네 소원은 무엇이냐?" 남편은 아내가 소원을 말하자마자 즉시 이루어지는 것을 보고 욕심이 생겼습니다. 그래서 이렇게 대답합니다. "저는 지금까지 동갑내기 아내와 살았는데, 이제 남은 생애는 저보다 서른 살 어린 여자와 새로운 인생을 살고 싶습니다." 과연 남편의 소원은 어떻게 이루어졌을까요? 남편이 90살 된 할아버지가 되었습니다.

한국교회가 지금까지 잘못 가르친 것 중 하나는 복을 지나치게 강조하여 인간의 탐욕을 정당화시킨 일입니다. 한국교회에 큰 영향을 끼친 이름만 대면 모두가 아는 목사님이 있습니다. 제가 그분의 설교를 직접 들었는데, '거지 나사로와 부자 이야기'를 본문으로 설교하면서 거지는 비록 천국에 갔지만 이 땅에서는 거지로 살았기 때문에 저주받은 인생이었다고 했습니다. 그러면서 예수를 잘 믿으면 이 땅에서도 잘 살아야 한다고 했습니다. 그래서 한때 성경적인 근거는 전혀 없지만 열병처럼 퍼졌던 이야기가 있습니다. 십일조를 백만 원하면 하나님께서 천만 원의 수입을 주신다는 것이었습니다.

참 가슴 아픈 사실입니다. 하나님께 드리는 헌금을 한낱 인간의 탐욕을 채우는 수단으로 악용한 겁니다. 물론 저도 그리스도인들이 잘살았으면 좋겠습니다. 그러나 가난하게 살면 정말 저주받은 삶입니까?

성경에 나온 믿음의 사람들을 생각해봅시다. 그들 가운데 90퍼센트가 서민입니다. 재산도 없습니다. 그렇다고 그들이 가난한 생활을 한 것도 아닙니다. 한평생 하나님의 은혜로 살았습니다. 그들은 세상에서 풍족하지 못했을지 모르지만, 하나님 나라를 위해 큰 몫을 감당하기에는 부족함이 없었습니다.

우리는 하나님께 받은 것만으로도 이미 충분합니다. 자족하는 마음에는 탐욕이 깃들 공간이 없습니다. 풍족하지 않아도 그날그날 공급해주시는 하나님의 은혜로 밥 한 번 굶지 않고 살면서, 그것으로 감사하고 만족하는 삶이 복된 삶입니다.

인생의 행복은 많이 가진 자의 손에 있는 것이 아닙니다. 자족하는 자의 마음에 있습니다. "여호와는 나의 목자시니 내게 부족함이 없으리로다"(시 23:1). 이 고백이 우리의 고백이 되기를 간절히 소망합니다.

돈을 사랑하는 마음을 경계해야 합니다

열심히 일해서 재물을 모아 잘살아보겠다고 하는 것은 죄가 아닙니다. 그러나 경계해야 할 사실이 있습니다. 인간은 모두 타락한 심성을 가지고 있다는 것입니다.

본문 10절은 "돈을 사랑함이 일만 악의 뿌리가 되나니"라고 했습니다. 여기서 일만 악이라는 것은 모든 종류의 악을 말합니다. 그리고 말씀을 잘 살펴보면, 돈이 모든 종류의 악의 뿌리라고 하지 않습니다. '돈을 사랑하는 것'이 일만 악의 뿌리라고 합니다. 돈을 사랑하는 마음에서 온갖 종류의 추악한 죄, 모든 교만과 탐심과 거짓과 다툼과 투기가 일어납니다.

그렇다면 여기서 '뿌리'라는 말이 의미하는 바는 무엇입니까? 뿌리는 겉으로 드러나지 않습니다. 항상 깊숙이 웅크리고 있습니다. 드러나지 않았기에 "돈을 사랑하는 마음이 뭐가 어떠냐?"라고 할 수 있을 것입니다. 그러나 돈에 사랑이라는 물을 자꾸 주면, 시간이 지나면서 점점 자라게 되고 그 모습을 드러내게 됩니다.

사랑하는 것과 좋아하는 것은 다릅니다. 저도 돈을 좋아합니다. 돈 없이 어떻게 생활합니까? 얼마 전에 우리 교회에서 부목사로 사역하다가 개척을 한 목사님을 만났습니다. 개척교회를 하면 대개 생활이 어려운 걸 알기에, 그 목사님에게 이제 생활은 좀 되느냐고 물었습니다. 그랬더니 그 목사님이 어느 날 짐 정리를 하다가 옛날 통장을 보게 되었다고 합니다. 그런데 거기에 우리 교회에서 받았던 사례비 금액이 찍혀있는데 꽤 많이 받았더랍니다. 사실 사례비가 많지 않았습니다. 그저 빠듯하게 한 달 살림을 꾸려나갈 정도였습니다. 그런데 개척교회 생활이 얼마나 어려운지, 그때 받았던 사례비가 엄청 많게 느껴진 것입니다. 그 이야기를 들으며 마음이 아팠습니다. 이렇듯 선교도 돈이 있어야 할 수 있습니다.

돈을 좋아하는 것과 사랑하는 것은 다른 이야기입니다. 원래 사랑은 '사량'이라는 말에서 나왔다고 합니다. '사량'(思量), 생각의 양이 많으면 사랑합니다. 그래서 우리는 114에 전화할 때 "사랑합니다. 고객님"이라는 멘트를 듣는다고 해서 "아, 저분이 그동안 나를 사랑하고 있었구나!" 하고 사랑의 감정을 느끼지 않는 것입니다.

진짜 사랑은 그 대상에 대한 생각이 마음에 가득 차 있는 것을 말합니다. 밤이고 낮이고 그 대상을 생각한다면, 우리는 그 대상의 노예가 됩니다.

그런데 여기서 문제는 우리가 돈을 사랑하지만, 돈은 우리를 사랑하지 않는다는 것입니다. 10절은 돈을 사랑하는 자가 "미혹을 받아 믿음에서 떠나 많은 근심으로써 자기를 찔렀도다"라고 합니다. '자기를 찔렀다'는 말은 원어로 '갈고리로 고기를 꿰다'라는 뜻을 가지고 있습니다.

우리나라 말 중에 "코 꿰었다"는 말이 있습니다. 무슨 뜻입니까? 한번 코가 꿰이고 나면, 이제는 더 이상 내 의지로 어떻게 할 수 없고, 끄는 대로 따라가야 한다는 말입니다. 이것은 처음부터 그렇게 되는 것이 아니고 돈을 사랑하는 마음을 계속 품을 때, 나중에 스스로 통제할 수 없는 지경에 이른다는 것입니다.

돈이 사람을 그렇게 만듭니다. 돈에 코가 꿰이면 형제간에 원수가 되는 일은 아무것도 아닙니다. 친구를 배신하는 일은 보통이고, 심지어 다른 나라에 국가 기밀에 해당하는 최첨단 기업 기밀 정보를 팔아넘기기도 합니다. 그런 행동을 하는 사람들은 처음부터 그랬던 걸까요? 아닙니다. 돈을 오랫동안 마음에 품고 지내다 보니, 그런 이해할 수 없는 행동을 하게 되는 것입니다.

이렇듯 재물로 자신을 찌르는 것은 그리스도인이라고 해서 피해갈 수 있는 일이 아닙니다. 평신도에게만 오는 것도 아닙니다. 목회자에게도 올 수 있습니다. 그래서 어떤 교회의 목사님은 3불 원칙을 세웠다고 합니다. "봉투 받지 않고, 선물 받지 않고, 식사 대접 받지 않는다." 왜 그렇게 합니까? 자꾸 탐내다 보면 처음에는 대수롭지 않게 여기지만, 시간이 갈수록 점점 자라나서 나중에는 스스로 걷잡을 수 없는 지경에 이르기 때문입니다.

마찬가지로 교회의 헌금지출도 주의를 기울여야 하는 일입니다. 가끔 뉴스를 보다 보면 어떤 대형 교회의 목사님이 교회 헌금을 마음대로 지출하다가 고발당하는 일을 보게 될 때가 있습니다. 처음에야 속도감 있게 일을 추진하느라 헌금을 마음대로 지출하는 재량권을 목사님에게 맡겼겠지만, 시간이 갈수록 점점 돈에 미혹을 받다 보니 목사 스스로 통제할 수 없는 지경에 이르게 되었을 것입니다.

그래서 우리 교회는 헌금지출을 철저하게 살핍니다. 저도 마음대로 쓸 수 없고, 각 부서에서 지출되고 남은 돈은 반드시 교회 앞으로 반납하게 합니다. 혹 영수증 첨부가 미비하면 집요하게 따지고 듭니다. 그럴 때 어떤 분들은 "나를 못 믿느냐?"고 언짢아하기도 합니다. 그럴 때 제가 드릴 수 있는 대답은 한 가지입니다. "집사님은 믿지만, 인간은 못 믿습니다." 이것은 목회자든 평신도든 예외가 없습니다. 모두가 못 믿을 인간일 뿐입니다.

지금 나는 돈을 어떻게 보고 있는지 확인해보기를 바랍니다. "나는 돈을 다스리는가, 아니면 돈에 매여 있는가?" 그리고 하나님보다 돈을 더 사랑하고, 돈에 정신이 팔려 있다면 꼭 기억하길 바랍니다. 돈을 사랑하면 결국 망합니다. 그러니 돈에 대한 애착을 버리기를 바랍니다. 우리의 마음이 하나님을 사랑하는 마음으로 깨끗하게 고침받기를 바랍니다.

청지기 의식을 가져야 합니다

본문에서 몇 절 뒤로 가면 "마음을 높이지 말고"(17절)라는 구절이 나옵니다. 이는 교만하지 말라는 말입니다. 가졌다고 해서 거드름을 피우지 말라는 것입니다. 왜 그럴까요? 내가 능력이 있어서 번 것이 아니라, 하나님께서 벌게 하셨기 때문입니다. 그래서 바울은 계속해서 "정함이 없는 재물에 소망을 두지 말고 오직 우리에게 모든 것을 후히 주사 누리게 하시는 하나님께 두며"(17절)라고 합니다. 아무리 돈을 많이 벌어도 그 출처는 하나님이십니다. 쉽게 말하면, 하나님께서 자본금을 대주신 것입니다.

원래 우리는 이 세상에 빈손으로 옵니다. 그런데 하나님께서 사업도 주시고 직장도 주셨습니다. 지금까지 열심히 일해서 돈을 모았고 내 명의로 된 통장에 돈도 있으며 내 명의로 건물이 등기되어 있어도, 원래 하나님의 것입니다. 이러한 청지기 의식이 분명할 때, 우리는 비로소 재물에 소망을 두지 않고 모든 것을 후히 주셔서 누리게 하시는 하나님께 둘 수 있습니다.

청지기 의식을 갖게 되면, 자연스럽게 다음과 같이 행동하게 됩니다. "선을 행하고 선한 사업을 많이 하고 나누어 주기를 좋아하며 너그러운 자가 되게 하라"(18절). "너그러운 자가 되게 하라"는 말은 무슨 뜻입니까? 나누어 주되 대가를 바라지 말라는 말입니다. 왜 대가를 바라지 말아야 합니까? 내 것이 아니기 때문입니다.

우리는 너무 손해를 보지 않으려고 합니다. 그러나 좀 너그러워지면 좋겠습니다. 혹시 건물을 가지고 월세를 받는 분이라면 월세를 너무 지독하게 올리지 않기를 바랍니다. 물건을 파는 분이라면 좋은 품질의 상품을 조금 더 싸게 팔면 좋겠습니다. 물건을 사는 분들은 너무 깎지 않기를 바랍니다. 손해 본다고 생각하지 말고 나누어준다고 생각하면 좋겠습니다.

또 우리는 예배드리고 헌금할 때, 어떤 생각을 합니까? 내 것을 내놓는다고 생각합니까, 아니면 하나님께서 나에게 이만큼 복을 주셔서 드릴 수 있게 되었다고 생각합니까? 헌금하는 일이 힘든 이유는 내 것을 내놓는다고 생각하기 때문입니다. 십일조 헌금을 할 때도 마찬가지입니다. 헌금을 드리면서 내 것의 10분의 1을 내놓는다고 생각할 수도 있고, 기꾸로 하나님께서 10분의 9를 쓰게 하신다고 생각할 수도 있습니다. 내 것의 10분의 1을 내놓는다고 생각하면, 수입이 늘어날수록 헌금하기가 아까울 것입니다. 그러나 하나님께서 주신 것의 10분의 9를 쓴다고 생각하면 내 소유는 점점 많아질 것입니다.

지금도 전 세계 인구의 9분의 1이 기아로 허덕이고 있습니다. 그리고 월드비전과 유엔에서 발표한 바에 따르면, 우리가 가진 천 원으로 아프리카에서 설사로 죽어가는 아이를 살리는 한 팩의 링거액을 살 수 있고 다섯 명의 아이에게 소아마비와 홍역 예방접종을 할 수 있으며, 아이들의 시력상실을 막을 수 있는 비타민A 캡슐 80개를 구입할 수 있다고 합니다. 한번 생각해봅시다. 아프리카 아이들은 왜 거기서 태어난 것이고, 나는 왜 먹을 것 때문에 걱정하지 않는 나라에 태어난 걸까요? 무슨 특별한 이유가 있다고 생각합니까? 아닙니다. 그렇기에 우리는 우리보다 가난한 이웃들, 더 나아가 선교지의 원주민들에 대해 좀 더 손을 펴야 합니다.

말씀을 나에게 비춰봅시다. 나의 마음에는 탐심이 있습니까? 사람의 욕심은 끝이 없습니다. 그래서 아무도 스스로 부자라고 생각하지 않습니다. 따라서 이 말씀은 부자에게만 주시는 말씀이 아닙니다. 모든 그리스도인에게 주시는 말씀입니다. 소유의 많고 적음을 떠나, 모든 그리스도인이 가져야 할 탐욕에 대한 바른 태도를 말씀하시는 것입니다.

제가 목회를 하다 보니, 사람은 돈이 많다고 해서 베푸는 것이 아님을 알게 되었습니다. 오히려 넉넉하지 못한 사람들이 베푸는 삶을 사는 경우를 더 많이 봅니다. 나누고 못 나누고의 차이는 소유의 유무가 아닙니다. 돈을 다스리는지, 아니면 돈에게 다스림을 받는지의 차이입니다.

19세기에 쓰인 독일의 단막극 가운데 〈돈 불〉이라는 작품이 있습니다. 이야기에는 아버지와 계모로 들어온 어머니, 아들과 딸, 이렇게 네 식구가 단란하게 살고 있었습니다. 어머니는 비록 계모이지만 아버지에게 사랑 받는 아내였고, 자식들에게는 존경받는 어머니였습니다. 그러나 네 식구가 행복하게 살던 어느 날, 아버지가 세상을 떠나게 되었습니다. 아버지가 죽게 되자 단란했던 가정의 행복도 깨지고 말았습니다. 그것은 남편과 아버지를 잃은 슬픔 때문이 아니고, 아버지가 남겨놓은 많은 유산 때문이었습니다.

계모와 자식들은 남겨진 유산을 놓고 싸웠습니다. 계모는 "당연히 이 유산은 내 차지다. 법으로 따져보아도 너희에게 갈 돈이 아니다"라고 했습니다. 아들은 아들대로 "내가 이 가정의 유산을 상속받을 상속자입니다"라고 주장했습니다. 그러면 딸은 "딸도 자식인데 왜 나만 빼느냐?"고 항변했습니다. 세 식구는 아버지의 시신 앞에서도 싸웠습니다. 눈에 핏발을 세우고 소리지르며, 삿대질을 하고 대들며 싸웠습니다. 그렇게 한참을 싸우던 중, 갑자기 어머니가 정신이 든듯 이렇게 말했습니다. "아니, 우리가 갑자기 왜 이렇게 됐지? 돈이 뭐 길래, 언제부터 우리가 원수가 된 거야? 우리 이러지 말자. 우리 가정이 얼마나 화목했는데, 돈 때문에 원수가 되어서야 되겠니? 자, 내가 돈을 포기하겠나." 그러고 나니 아들도 딸도 그제야 정신이 드는지 "그럼 우리 돈을 버립시다. 그리고 우리 같이 사랑하며 행복하게 삽시다"라고 말합니다.

이후 그들은 금고 문을 엽니다. 그리고 차곡차곡 쌓아놓은 지폐들을 한 장씩 꺼내서 성냥불을 붙입니다. 지폐 하나가 타면 또 꺼내서 불을 붙입니다. 그때 불타는 지폐 옆에 쪼그리고 앉아 손을 내밀고 불을 쬐던 딸이 이렇게 이야기합니다. "야, 참 따뜻하다!"

우리는 모두 인간입니다. 인간은 항상 탐욕을 부릴 가능성을 가지고 있습니다. 예수를 믿었어도 부패할 수 있는 마음을 누구나

가지고 있습니다. 그렇기에 우리 그리스도인들부터 정신을 차려야 합니다. 탐욕을 다스려야 합니다.

어떻게 하면 탐욕을 다스릴 수 있습니까? 항상 자족하는 훈련을 합시다. 돈을 너무 생각하지 맙시다. 그리고 우리는 하나님의 청지기라는 사실을 잊지 맙시다. 우리에게는 하나님의 것을 맡아서 주인의 뜻대로 재물을 사용해야 할 책임이 있습니다.

우리가 탐욕을 다스릴 때, 이 세상은 하나님께서 원래 만드신 아름다운 세상으로 회복될 것입니다. 탐욕으로 인해 시험 들지 않고 탐욕을 다스림으로, 우리 모두 하나님 앞에 칭찬받는 멋진 청지기들이 되기를 간절히 바랍니다.

• 8장 •

믿음을 위한 질문, 대답하는 믿음

Q. 지금 나는 내게 주어진 모든 형편과 상황을 어떻게 바라보고 있는지 적어봅시다.

A.

9장

염려 : 염려가 가득한 세상에서 완전하신 하나님께 역행하기

31 그러므로 염려하여 이르기를 무엇을 먹을까 무엇을 마실까 무엇을 입을까 하지 말라 32 이는 다 이방인들이 구하는 것이라 너희 하늘 아버지께서 이 모든 것이 너희에게 있어야 할 줄을 아시느니라 33 그런즉 너희는 먼저 그의 나라와 그의 의를 구하라 그리하면 이 모든 것을 너희에게 더하시리라 34 그러므로 내일 일을 위하여 염려하지 말라 내일 일은 내일이 염려할 것이요 한 날의 괴로움은 그날로 족하니라 (마태복음 6장 31~34절)

어느 뉴스에서 북한의 핵 문제에 관한 이슈가 보도된 적이 있습니다. 취재기자는 내용을 보도하며 핵 문제를 해결할 방법을 세 가지로 나누었는데, 첫째는 북한 수뇌부를 제거하는 것입니다. 그러나 이에 실패하면 한반도는 핵 화염에 휩싸입니다. 둘째는 핵시설을 남김없이 모두 파괴하는 것입니다. 그러나 이에 실패하면 한반도는 핵전쟁을 피할 수 없습니다. 셋째는 북한 전역에 있는 모든 군사시설을 공격하는 것입니다. 이것은 전면전을 의미하는데 이 또한 많은 사상자를 낼 것이고, 핵전쟁으로 갈 확률이 높다고 합니다. 그 기자가 무슨 이야기를 하려고 했는지는 잘 모르지만, 결국 결론은 뾰족한 해결책이 없다는 것입니다. 그 뉴스를 듣고 나니, 불현듯 제 마음에 염려가 밀려왔습니다.

이렇듯 우리에게는 국가적 차원의 염려도 있고, 삶을 놓고 볼 때도 염려할 일이 한두 가지가 아닙니다. 이제는 염려가 우리 삶의 일부분이 된 듯합니다. 그래서 우리의 연약함을 아시는 하나님께서는 우리에게 염려하지 말라고 말씀하십니다. 성경에는 염려(근심, 걱정, 두려움)하지 말라는 말이 360번 이상 나옵니다. 무슨 뜻입니까? 첫째, 하루도 염려하는 일로부터 자유할 수 없다는 것입니다. 둘째, 그렇기에 매일 마음에 새겨야 할 말씀이라는 것입니다.

저는 최근에 건강검진을 받았습니다. 그때 순간 스친 생각이, '뭐가 보인다고 하면 어떻게 하나?'였습니다. 이뿐만이 아닙니다. '우리 젊은이들이 직장에 못 들어가면 어떻게 하나? 자격시험에 떨어지면 어떻게 하나?'와 같이 염려할 일이 한두 가지가 아닙니다.

물론 염려한다고 해서 당장 어떤 일이 일어나는 것은 아닙니다. 그러나 염려는 큰 산불을 일으키는 작은 불씨와도 같습니다. 처음에는 작은 문제였는데, 자꾸 생각하다 보면 문제에 사로잡히게 됩니다.

염려에 해당하는 헬라어는 "목을 조르다"라는 뜻입니다. 염려하기 시작하면 점점 목이 조여오듯 숨이 막힐 정도로 답답해집니다. 또한 염려는 하면 할수록 더 커지는 특징이 있습니다. 생각해봅시다. 계속 염려하게 되면 우선 기분이 나빠집니다. 그리고 마음에 불안이 스며들면서 서서히 차오릅니다. 그 불안이 깊어지면 불안증이 되고, 정신질환으로 발전하여 우리의 정신뿐만 아니라 육체까지 파괴합니다. 그렇기에 염려는 그대로 방치해선 안 됩니다.

그러나 우리 가운데 날마다 염려하지 않는 사람은 아무도 없습니다. 이 땅을 사는 동안에는 염려를 완전히 피할 수 없다는 뜻입니다. 중요한 것은 우리가 염려의 노예가 되지 않아야 합니다. 그렇다면 피할 수 없는 염려의 노예가 되지 않으려면 어떻게 해야 합니까? 염려가 밀려올 때, 우리는 자신에게 세 가지 질문을 해보고 그 질문에 대해 '예'라고 대답할 수 있어야 합니다.

세상에서는 염려할 수밖에 없다는 사실을 알고 있는가

예수님은 34절에서 "내일 일은 내일이 염려할 것이요"라고 하셨습니다. 이 말은 염려하라는 이야기가 아니고 우리는 오늘도, 내일도 염려로부터 완전하게 해방될 수 없다는 사실을 전제하시는 말씀입니다. 그러니 일부러 염려할 필요도 없지만, 염려하는 자신을 놓고 "아, 왜 내 믿음은 이 정도밖에 되지 않나?" 하면서 너무 자책하지 말라는 말입니다. 염려하는 것은 내가 믿음이 없기 때문이 아닙니다. 우리가 두 발을 딛고 살아가는 이 세상은 염려하는 일이 언제나 일어나는 곳입니다.

본문에 보면 무엇을 먹을까 무엇을 입을까 염려한다고 합니다. 이렇듯 우리가 염려하는 일들이 다양하고 복잡한 것 같아도, 따지고 보면 결국 무엇을 먹을까, 무엇을 입을까 같은 일들로 귀결됩니다. 이는 우리가 삶에 관련된 모든 것을 놓고 염려한다는 것입니다. 그렇다면 이 세상은 왜 이렇게 염려해야 할 것들이 가득합니까? 염려하지 않고 살 수는 없는 걸까요?

성경은 자주 이 세상을 광야에 비유합니다. 이스라엘 백성들은 이집트를 떠나 가나안으로 향하며 광야 생활을 했습니다. 광야 생활의 특징이 무엇입니까? 결핍입니다. 늘 부족한 것들이 있습니다. 그곳에서는 먹을 것도 입을 것도 풍족하게 구할 수 없기 때문에, 늘 부족함을 느낍니다. 편안하고 만족스러운 삶을 보장받지 못합니다. 오늘날 우리의 삶도 그렇습니다. 늘 불만족이고 불편합니다. 광야에서는 절대적인 만족이 있을 수 없지만, 우리는 자꾸 광야에서 만족을 얻으려고 합니다. 이스라엘 백성들의 문제가 이것입니다. 그들은 자신들이 광야에 있다는 사실을 자꾸 잊어버렸습니다.

광야 생활에서 절대적인 만족이란 있을 수 없습니다. 이 사실을 잊지 말아야 합니다. 우리의 인생이 우리의 생각대로 움직이지 않는 것, 이것은 자연스러운 일입니다. 광야 생활이기에 그렇습니다. 그러므로 나 혼자 세상 밖에 있는 것처럼, 염려할 일들이 생기지 않을 거라는 기대를 하지 않아야 합니다.

염려할 일을 만나고 시험을 만나고 결핍을 만난다고 해서, 너무 큰 불안에 사로잡힐 필요도 없습니다. 또 이젠 끝이라고 절망할 필요도 없습니다. 왜냐하면 그것이 인생이기 때문입니다. 우리는 이 땅에서 영원히 머물지 않습니다. 가나안 땅을 향해 가는 사람들입니다. 그러니 염려가 몰려올 때마다 꼭 기억하길 바랍니다. "여기는 광야다. 만족이 있을 수 없는 곳이다. 불편한 곳이다."

할 수 있는 일과 할 수 없는 일을 분별하고 있는가

27절에 "너희 중에 누가 염려함으로 그 키를 한 자라도 더할 수 있겠느냐"라는 말씀은 영어 성경에서 "너희 중에 누가 염려함으로 너의 생명을 하루라도 더 연장할 수 있느냐?"라고 번역되어 있습니다. 이 말의 뜻은 우리 인생에는 아무리 노력하고 애써도 할 수 없는 일이 있다는 것입니다.

예를 들면, 내가 백 살까지 살고 싶다고 해서 살 수 있는 것이 아닙니다. 수명은 우리의 마음대로 할 수 없는 일입니다. 늙는 것도 마찬가지입니다. 제가 예전에 안수집사회 수련회에서 말랑말랑한 공으로 야구를 한 적이 있습니다. 수비를 하다가 제 쪽으로 공이 날아왔는데 마음은 벌써 공 밑에까지 갔지만, 몸이 따라가지 못했습니다. 그때 "아, 내가 늙는구나!"라는 사실을 뼈저리게 실감했습니다. 이렇듯 나이가 들면서 몸이 쇠해가는 것은 피할 수 없습니다.

이런 우스갯소리가 있습니다. 어떤 사람이 숲속을 걸어가다가 곰을 만났습니다. 그는 어떻게 해야 하나 잠시 생각하다가 불현듯 죽은 척하면 곰에게 잡아먹히지 않는다는 말을 기억했습니다. 그래서 얼른 누워 죽은 척을 했습니다. 이윽고 저만치서 곰이 다가왔습니다. 그는 숨도 쉬지 않고 정말 최대한 죽은 척을 했습니다. 그런데 곰이 가까이 다가와 냄새를 맡더니, 그를 번쩍 들어다가 양지바른 곳에 묻어 주었다고 합니다. 나그네는 살려고 죽은 척을 한 것인데, 착한 곰을 만난 바람에 진짜 땅에 파묻혀 죽은 것입니다. 우스갯소리지만 우리 인생이 내 마음대로 돌아가지 않음을 말해줍니다.

이 세상의 모든 일은 두 개의 카테고리, 내가 할 수 있는 일과 내가 할 수 없는 일로 나뉩니다. 내가 할 수 있는 일은 어떻게 하면 됩니까? 염려하지 말고 그냥 하면 됩니다. 걱정할 것 없습니다. 그러나 반대로 내가 할 수 없는 일은 아무리 노력하고 죽을힘을 다해 해결하려고 해도 할 수 없습니다. 그렇다면 할 수 없는 일을 해결하려고 씨름할 필요가 있습니까? 내가 해결할 수 없는 일이라고 판단되면 내려놓아야 합니다. 하나님께 맡겨야 합니다. "네 짐을 여호와께 맡기라 그가 너를 붙드시고 의인의 요동함을 영원히 허락하지 아니하시리로다"(시 55:22). 여기서 맡기라는 말은 'cast out'입니다. 던져버리는 것입니다.

저는 저의 건강을 하나님께 맡겼습니다. 그런데 주변 분들에게 한 번씩 "목사님, 어디 아파 보이세요"라는 인사를 듣습니다. 그러면 50년 넘게 들어서 새삼스럽지도 않은 이야기인데 듣기가 싫습니다. 그런 말을 들으면 괜히 거울을 한 번 더 보게 됩니다. 그리고는 '내가 정말 어디가 아픈 게 아닌가?' 하는 생각이 듭니다. 그래서 "괜찮습니다"라고 말하면 "아니에요. 아파 보이세요"라고 말합니다. 정말 걱정해주고 위해주는 것이 뭔지 모르는 분들이 있습니다. 저는 제 건강을 지키기 위해 할 일을 하겠지만, 그 이상의 영역은 하나님께 맡겼습니다. 저는 염려하지 않습니다.

이 세상에는 내가 할 수 있는 일과 할 수 없는 일이 있습니다. 그 둘 사이를 잘 분별하여 염려에 사로잡히지 않기를 바랍니다.

하나님 아버지를 신뢰하고 있는가

26절과 32절에 "너희 하늘 아버지께서"라는 말이 나옵니다. 예수님은 우리를 만드신 창조주 하나님을 아버지로 소개하고 있습니다. 참 감사한 일입니다. 이제 우리는 하나님이 우리의 아버지가 되신다는 사실을 알고 있습니다.

그러나 아는 것과 신뢰하는 것은 다릅니다. 아버지와 아들의 관계는 절대적입니다. 어떤 조건에 의해 형성되는 관계가 아닙니다. 무슨 말인가 하면, 나의 필요를 채워주면 아버지가 되고 채워주지 않으면 아버지가 아닌 그런 관계가 아니라는 말입니다.

예전에 우즈베키스탄 축구 대표 감독이 우리나라와 시합하기 전 "신은 우리 편이기 때문에 우리는 반드시 이긴다"라고 했습니다. 그러나 결과는 무승부였습니다. 그러면 신은 그들의 편이 아닙니까? 조건에 따라 신의 가치를 평가하는 태도는 신을 믿는 태도가 아닙니다. 저급한 신앙이라고 할 수 있습니다.

그렇다면 나는 나의 필요를 채워주시지 않아도 하나님을 절대적으로 신뢰합니까? 나에게 예수님과 알라딘 요술램프의 지니가 있다고 생각해봅시다. 둘 다 우리의 소원을 들어줍니다. 나는 어느 쪽을 선택하겠습니까? 그런데 참고로 예수님은 좀 까칠하십니다. 우리의 필요를 말씀드린다고 해서 모두 들어주시는 것은 아닙니다. 그러나 지니는 언제나 쿨합니다. 우리의 요구를 토도 달지 않고 다 들어줍니다. 그래도 예수님을 선택하겠습니까?

우리가 혹시 하나님을 믿지 않고, 요술램프 지니를 믿고 있는 것은 아닌지 돌아봅시다. 예수님과 지니의 결정적인 차이는, 지니는 내가 요구하는 대로 들어주는 것이 나에게 유익이 되는지 해가 되는지 분별하지 않습니다. 그러나 하나님께서는 우리의 아버지이시기 때문에 우리에게 가장 좋은 것이 무엇인지를 아시고 주십니다.

이 세상에 자식의 필요를 모른 척하는 아버지는 없습니다. 성경도 공중의 새도 먹이시고 들에 핀 들풀도 입히시는 하나님께서 하물며 자녀 된 우리를 내버려 두시겠느냐고 반문합니다. 만약 내버려 두신다면 하나님이 계시지 않거나 우리가 새와 들풀만도 못한 존재가 됩니다. 아버지는 반드시 자식에게 가장 좋은 것을 주십니다.

하나님께 아직 응답이 없습니까? 그럴만한 이유가 있을 것입니다. 내가 하나님께로부터 받은 응답이 마음에 안 듭니까? 그래도 나보다 나를 더 잘 아시는 하나님께서 최고의 것을 주셨다고 고백할 수 있어야 합니다. 왜냐하면 하나님과 나와의 관계는 조건에 의해 형성된 관계가 아니라, 아버지와 자녀 사이로 형성된 관계이기 때문입니다.

진짜 문제는 하나님께서 응답해주시지 않고 끝나는 경우입니다. 초대교회 성도들은 예수를 믿는다는 이유 하나 때문에 로마 군인에게 잡혀가 순교를 당했습니다. 얼마나 잔인했는지, 그들은 예수 믿는 사람들을 죽여서 기름에 재워놓았습니다. 그리고 나서 길거리에 매달아 놓고 시신에 불을 붙여 어두운 밤길을 밝히도록 했습니다. 초대교회 성도들은 죽어갈 때, 살려달라고 기도했을 것입니다. 그런데 하나님께서는 왜 그들을 돌보지 않으셨을까요? 여기서 우리가 깊이 생각해야 할 문제가 있습니다. 하나님의 시각과 우리의 시각 사이에는 커다란 갭이 존재합니다. 우리는 이 세상의 시간을 살아갑니다. 영원의 시각에서 우리의 삶을 볼 줄 모릅니다. 그래서 하나님의 존재, 하나님의 역사하심, 나를 향한 하나님의 사랑을 저울질합니다. 그러나 하나님은 우리 인생을 영원한 세계, 영생의 관점에서 보십니다. 영원한 관점에서 우리의 인생을 끌어가십니다.

초대교회 성도들은 자기 이름 앞에 '티테디우스'라는 호칭을 붙였다고 합니다. '염려로부터 해방된 자'라는 뜻입니다. 당시는 예수를 믿는 것이 죽음과 맞바꾸는 일이었습니다. 얼마나 염려가 밀려왔겠습니까? 밖에서 누가 문만 두드려도 혹시 로마 병사가 아닌가 하여 가슴이 덜컹 내려앉았을 것입니다. 그러나 초대교회 성도들은 하나님을 향한 절대적인 믿음 속에서, 영원한 세계를 바라보는 눈이 열렸습니다. 그리고 천국의 영광을 바라보았습니다. 그 결과, 하나님께 대한 절대적인 신뢰 속에서 염려로부터 해방되었습니다.

우리도 염려로부터 해방되는 날이 있습니다. 바로 이 세상을 떠나는 날입니다. 예수님께서 재림하시는 날입니다. 그러니 염려가 우리 마음의 문을 두드릴 때, 이 세 가지를 꼭 기억하길 바랍니다. 첫째, 이 세상이 광야라는 사실을 기억하십시오. 광야에서는 염려할 수밖에 없습니다. 둘째, 할 수 있는 일과 할 수 없는 일을 분별하고 할 수 없는 일은 내려놓으십시오. 셋째, 하나님을 절대적으로 신뢰하십시오. 이렇게 함으로써 내 마음에 염려가 들어오려고 노크할 때마다 마음을 지키기를 바랍니다.

한편, 내 마음에서 염려를 더 적극적으로 몰아내는 방법도 있습니다. 33절을 봅시다. "그런즉 너희는 먼저 그의 나라와 그의 의를 구하라." 그의 나라와 의를 구하는 일은 무엇입니까? 먼저 예배의 자리로 나아가는 것입니다. 우리 마음을 하나님을 예배하는 마음으로 가득 채우면, 염려가 들어설 자리는 없습니다. 바로 여기에 이방인과 하나님 자녀의 차이가 있습니다. 이를 W로 시작하는 말로 구분하면 더 선명하게 기억할 수 있습니다.

이방인은 Worry(염려)하지만, 하나님의 자녀는 Worship(예배)합니다. 또한 마음에 걱정이 밀려오면 그것은 Warning Sign(경고 신호)입니다. 어떤 경고입니까? 내가 지금 하나님을 제대로 섬기지 않고 있다는 경고입니다.

그러므로 염려가 마음에 밀려오면 "아, 내가 지금 하나님께 마음을 두지 않고 있구나. 내가 지금 하나님을 섬기지 않고 있구나!"라고 생각해야 합니다. 걱정이 몰려오면 걱정에 마음의 현관문을 열어주지 말고, 하나님 앞에 무릎을 꿇어야 합니다.

예배의 자리로 더 나아가기를 바랍니다. 교회에 나오기 어렵다면, 땀 흘려 일하는 그곳이 지성소가 되게 하십시오. 반찬을 만들고 설거지하는 주방이 예배처소가 되게 하십시오. 예배를 통해 하나님 아버지의 사랑을 우리 마음에 가득 채우면, 염려가 발붙일 자리는 없어집니다.

이제 우리는 둘 중 하나를 선택하며 살아가야 합니다. Worry, 아니면 Worship입니다. 나는 어느 쪽을 선택하겠습니까? 염려와 예배는 항상 반비례합니다. 염려하면 예배가 죽고, 예배를 드리면 염려가 죽습니다. 염려하며 몸을 축내면서 어두운 얼굴을 하고 살겠습니까, 아니면 하나님께 예배하면서 모든 것을 채우시는 하나님의 은혜를 경험하며 살겠습니까?

실패한 그 자리에서 하나님을 찬양합시다. 두려워 떠는 그 자리에서 하나님의 위대하심을 선포합시다. 염려의 자리에서 예배함으로 모든 것을 채우시는 섬세한 하나님의 손길을 경험하며 살아가기를 소망합니다.

• 9장 •

믿음을 위한 질문, 대답하는 믿음

Q. 최근 내 마음을 채운 염려는 무엇입니까? 또한 그것을 어떻게 해결하고 있습니까?

A.

10장

정죄 : 시선을 내 안으로 옮겨라

3 서기관들과 바리새인들이 음행중에 잡힌 여자를 끌고 와서 가운데 세우고 **4** 예수께 말하되 선생이여 이 여자가 간음하다가 현장에서 잡혔나이다 **5** 모세는 율법에 이러한 여자를 돌로 치라 명하였거니와 선생은 어떻게 말하겠나이까 **6** 그들이 이렇게 말함은 고발할 조건을 얻고자 하여 예수를 시험함이러라 예수께서 몸을 굽히사 손가락으로 땅에 쓰시니 **7** 그들이 묻기를 마지 아니하는지라 이에 일어나 이르시되 너희 중에 죄 없는 자가 먼저 돌로 치라 하시고 **8** 다시 몸을 굽혀 손가락으로 땅에 쓰시니 **9** 그들이 이 말씀을 듣고 양심에 가책을 느껴 어른으로 시작하여 젊은이까지 하나씩 하나씩 나가고 오직 예수와 그 가운데 섰는 여자만 남았더라 **10** 예수께서 일어나사 여자 외에 아무도 없는 것을 보시고 이르시되 여자여 너를 고발하던 그들이 어디 있느냐 너를 정죄한 자가 없느냐 **11** 대답하되 주여 없나이다 예수께서 이르시되 나도 너를 정죄하지 아니하노니 가서 다시는 죄를 범하지 말라 하시니라 (요한복음 8장 3~11절)

부끄러움은 사람만이 느낄 수 있는 감정입니다. 그리고 이것은 사람이 느끼는 감정 중에 가장 고통스러운 감정이라고 합니다. 몇 년 전에 모 항공사 회장의 딸이 승무원이 땅콩을 접시에 담지 않고 봉지째 줬다는 이유로, 비행기를 돌려서 사무장을 내리게 했습니다. 그런데 이 과정에서 사무장과 여승무원을 무릎 꿇게 하고, 책 모서리로 손등을 여러 차례 내려찍으며 엄청난 수치심을 느끼게 했습니다. 그 수치심을 느끼며 얼마나 힘들었지 충분히 짐작할 수 있는 일입니다.

내가 잘못했는가, 하지 않았는가를 떠나서 누군가에게 정죄를 받는다는 것은 참기 어려운 일입니다. 그런데 남을 정죄하고 싶어 하는 이 잔인함은 저의 마음속에, 그리고 우리 모두의 마음속에 뱀처럼 똬리를 틀고 있습니다. 또한 이 정죄 의식은 신앙생활을 하는 사람들 가운데서 더 쉽게 나타날 수 있습니다. 예를 들면, 방을 깨끗하게 치우고 사는 사람은 방이 지저분한 걸 보지 못합니다. 마찬가지로 성경을 많이 알고 기도를 많이 하는 사람일수록 다른 사람을 정죄하기 쉽습니다. 그래서 오늘날 교회 안에서 교역자에게, 혹은 믿음이 좋다는 교우들로부터 정죄를 받아 상처받고 교회를 등지는 사람이 정말 많습니다. 마음에 이런 부끄러움을 느껴서 마음이 상한 적이 있습니까? 혹시 아직도 그 수치심이 회복되지 않아 마음이 힘듭니까?

저는 성경에 나오는 아주 유명한 이야기를 생각해보려고 합니다. 어느 날 예수님께서 아침 일찍 초막절 절기를 지키시기 위해 성전에 올라가셨고, 많은 사람이 예수님의 가르침을 들으려고 모여들었습니다. 그리고 예수님이 한참 가르치고 계실 때, 웅성거리는 소리가 들리면서 바리새인과 서기관들이 초라한 여자 하나를 끌고 예수님 앞으로 나왔습니다. 바리새인들은 그 여인을 예수님 앞으로 밀쳐내며, 간음한 여인을 어떻게 처리해야 할지 예수님의 생각을 듣고 싶다고 말했습니다. 겉으로는 예수님께 자문하는 것처럼 보이지만, 이것은 어디까지나 예수님을 죽이기 위해 꾸며낸 함정이었습니다.

만약 예수님이 돌로 치라고 하신다면, 예수님을 따르던 사람들은 아마 그날부터 더 이상 예수님을 따르지 않았을 겁니다. 그리고 그들이 노린 것이 바로 그것입니다. 반대로 "돌을 던지지 마시오. 여자가 불쌍하지 않소?"라고 말씀하신다면, 아마 당장 예수님께 달려들어 "네가 뭔데 율법을 어기느냐?" 하며 끌고 가서 그들의 법대로 예수님을 처리했을 겁니다.

이와 같은 진퇴양난의 어려움 속에서 예수님은 말씀하십니다. "누구든지 죄 없는 자가 먼저 돌로 치라!" 아무리 생각해도 정말 멋진 한 방입니다. 큰 소리를 내지도 않으십니다. 예수님을 궁지로 몰고 가려고 하는 비열한 종교인들을 한마디로 제압하십니다. 그리고 이 말을 들은 어른들과 아이들이 모두 돌을 놓고 돌아갑니다. 예수님의 말씀에서 하나님의 권세를 보았기 때문입니다. 예수님의 한마디가 주변에 있던 사람들의 양심을 찌르면서 깊이 파고들었습니다.

우리는 이들의 모습 속에서 우리의 숨겨진 모습을 발견합니다.

간음한 여인을 끌고 온 사람들처럼, 우리 속에도 잔인하게 남을 판단하고 남의 잘못을 정죄하려는 마음이 있음을 부인할 수 없습니다. 남을 판단하고 정죄하는 우리의 못된 성품 때문에 가정의 화목이 깨어지고, 교회에서 서로가 상처를 주고 아파합니다. 사회 곳곳에서는 여러 갈등과 반목으로 고통을 겪습니다. 그렇기에 가장 성숙한 그리스도인은 다른 이야기가 필요하지 않다고 생각합니다. 남을 정죄하지 않는 사람이 가장 성숙한 그리스도인입니다.

모두가 돌아간 후 예수님과 여인만 남게 되자, 예수님께서 말씀하십니다. "나도 너를 정죄하지 아니하노니." 이 말씀이 제 머릿속에서 맴돌았습니다. 예수님은 우리를 정죄하지 않겠다고 하십니다. 예수님이 우리를 정죄하지 않으신다면 우리도 다른 사람을 정죄하지 않아야 합니다. 그렇다면 우리가 남을 정죄하지 않으려면 어떻게 해야 할까요?

부끄러움을 느낄 줄 알아야 합니다

여인을 죽이겠다고 끌고 온 잔인한 종교 지도자들을 봅시다. 얼마나 의로워 보입니까? 마치 자기들은 전에 죄를 지어본 적도 없는 의인인 듯, 아주 의기양양해 보입니다. 종교인이, 믿음이 꽤 괜찮다는 사람들이 은혜를 상실하고 율법만 남으면 이렇게 잔인해집니다.

게다가 이들의 모습이 얼마나 거짓된지, 겉으로는 굉장히 공의로운 척합니다. 그러나 한번 생각해봅시다. 간음은 혼자 하는 겁니까? 그런데 이들은 남자는 어디에 놔뒀는지 여자만 끌고 왔습니다. 그리고 공의를 이야기합니다.

우리가 조금만 생각해 보면, 이 여인과 여인을 끌고 온 사람들 사이에는 별반 차이가 없음을 알 수 있습니다. 단지 차이가 있다면 여인이 행한 부끄러운 일은 드러난 일이고, 여인을 끌고 온 사람들이 저지른 일은 아직 드러나지 않았을 뿐입니다. 자기의 죄가 드러나지 않았다고 의인인 척, 여인을 잔인하게 몰아붙이는 이들의 모습은 뻔뻔합니다. 아주 지독한 자기모순에 빠진 것을 볼 수 있습니다. 자기 눈에 들보는 보지 못하고 남의 눈의 티를 보며 비판하는, 아주 우스꽝스러운 모습입니다.

뉴스에서도 부끄러운 일을 해놓고도 부끄러워하지 않는 사람들의 모습을 많이 봅니다. 정치가들이 잘못을 저질러서 잡혀갈 때 카메라를 들이대면, 대개는 얼굴을 가리려고 안간힘을 쓰는 것이 보통인데, 어떤 이들은 중죄를 지어놓고도 카메라를 들이대면 어깨를 펴고 당당하게 걸어가는 것을 봅니다.

부끄러움을 느껴야 할 때 느낄 수 있어야 더 큰 타락과 변질을 막을 수 있습니다. 그런데 이 여인을 끌고 온 사람들은 도무지 부끄러움을 모릅니다. 그러자 예수님께서는 이들이 부끄러움을 느끼도록 어떻게 하십니까? 그곳에 모인 사람들이 예수님께서 뭐라고 대답하시는지 기다리고 있는데, 예수님이 땅바닥에다가 손가락으로 글을 쓰셨다고 합니다. 무슨 글을 쓰셨을까요? 어떤 분이 말하기를, 그곳에 있던 사람들 중에 그 여인과 잤던 사람들의 이름을 쓰셨다고 합니다. 이것은 그저 재미있는 추측일 뿐입니다. 어쨌든 예수님은 글을 쓰신 후 "누구든지 죄 없는 자가 먼저 돌로 치라"고 말씀하십니다. 그리고 이 말을 들은 사람들은 양심의 가책을 느끼고 하나둘씩 돌아갑니다.

핵심은 이것입니다. 그들은 여인을 끌고 올 때까지 부끄러움을 몰랐습니다. 그러나 예수님 앞에 나오자 부끄러움을 깨닫게 됩니다. 마찬가지로 인간은 예수님과 대면하기 전까지 부끄러운 것을 모릅니다. 자기가 얼마나 지독한 자기모순에 빠져있는지 보지 못합니다. 오직 예수님만이 어두움을 밝혀주는 빛이 되십니다.

그리스도인은 예수님을 만난 사람입니다. 예수님이 우리의 마음을 밝혀주셔서 부끄러움을 알게 하셨습니다. 그렇기에 죄를 용서받고 난 후 "나는 죄를 지어도 용서받으니까 부끄러워할 필요가 없어"라고 생각하며 죄를 짓고도 당당해한다면, 그것은 혐오스러운 모습입니다.

〈밀양〉이라는 영화를 보면, 여주인공이 정말 어렵게 마음을 먹은 후에 자기 아이를 유괴하고 죽인 사람을 용서하기 위해 형무소를 찾아갑니다. 그런데 그곳에 있던 범인이 그녀가 말을 꺼내기도 전에 "하나님께서 내 죄를 다 용서해주셨다"고 당당하게 이야기합니다. 여주인공은 그의 모습을 보며 어이가 없어서 "나는 용서 안 했는데, 나는 용서 안 했는데"라며 절규하는 장면이 나옵니다.

이것이 오늘날 그리스도인들이 잘못 이해하고 있는 복음입니다. 나무에 못을 박았다가 그 못을 빼면 못 자국이 남습니다. 이처럼 우리가 회개하면 분명 죄를 용서받습니다. 그러나 아무리 용서받았다고 해도, 어디 가서 큰소리칠 사람들은 아닙니다. 정말 양심이 있는 그리스도인이라면 아무리 용서받았어도 부끄러워할 줄 알아야 합니다.

다른 사람의 부끄러움을 덮어줘야 합니다

부끄러움을 아는 사람이라면 그 모습에서 나타나야 할 행동이 있습니다. 예수님께서 간음한 여인을 다루신 방법을 봅시다. 예수님은 한두 마디라도 따끔하게 말씀하셔야 할 것 같은데 그러지 않으십니다. 여인이 혼자 남았을 때 아주 너그러운 말씀으로, "나도 너를 정죄하지 않는다"고 하십니다.

저는 이 말속에 여인뿐만 아니라 여인을 끌고 왔던 군중들을 향한 예수님의 마음이 담겨있다고 생각합니다. 성경은 예수님께서 "죄 없는 자가 먼저 돌로 치라"고 하신 후, 다시 허리를 굽혀 땅에 무언가를 쓰셨다고 합니다. 여기서 눈여겨볼 대목은 무엇을 쓰셨는가가 아니고, 허리를 굽히시고 사람들을 애써 보지 않으려고 하신 예수님의 행위입니다. 만약에 예수님이 "죄 없는 사람이 먼저 돌로 쳐라!"라고 말씀하시고 나서 한 사람, 한 사람의 눈을 쳐다보셨다고 생각해봅시다. 예수님과 눈이 마주쳤을 때 사람들은 얼마나 부끄러웠을까요? 이미 예수님의 말씀이 능력이 되어 그들의 양심을 건드렸습니다. 그런데 예수님이 쳐다보기까지 하시면 참 민망했을 것입니다. 그래서 예수님은 시간을 주셨습니다. 땅에 앉아 글을 쓰시면서 "내가 안 볼 테니, 그때 빨리 돌아가라"는 겁니다. 그렇게 하심으로 그들의 부끄러운 모습을 덮어주셨습니다. 이윽고 예수님이 말씀하십니다. "여자여 너를 고발하던 그들이 어디 있느냐 너를 정죄한 자가 없느냐 대답하되 주여 없나이다 예수께서 이르시되 나도 너를 정죄하지 아니하노니"(10-11절).

"나도 너를 정죄하지 아니하노니." 저는 이 말씀에 감동이 됩니다. 우리가 왜 서로의 부끄러운 모습을 덮어주어야 합니까? 나도 부끄러운 모습이 많은 사람이기 때문입니다. 인간은 지독한 자기모순에 빠져있습니다. 내가 잘못하면 그럴 수밖에 없었다고 합리화하면서도, 다른 사람의 잘못은 아주 차가운 잣대를 들이대며 정죄하는 것이 우리 인간의 본성입니다. 나는 평생 잘못하지 않을 것처럼 상대방을 정죄합니다.

우리는 다윗이 자기 부하를 죽이고 밧세바를 아내로 취한 것을 볼 때 다윗을 정죄합니다. "하나님이 어떻게 저런 사람을 사랑하셨나?"라고 의아해합니다. 그러나 과연 우리에게 다윗을 정죄할 자격이 있습니까? 예수님께서는 누구든지 형제를 미워하는 자는 이미 그 마음에 살인한 것이라고 말씀하셨습니다. 여자를 보고 음욕을 품은 사람은 이미 그 마음에 간음한 것이라고 하셨습니다. 그런데 우리가 무슨 자격으로 다윗을 비난할 수 있습니까?

그러므로 우리는 서로의 허물을 덮어주어야 합니다. 나 자신도 그럴 수 있는 사람이기 때문입니다. 악을 수용하라는 것이 아닙니다. 악은 미워하지만 죄를 지은 사람은 불쌍히 여겨야 합니다. 서로를 긍휼히 여기지 못하고 차가운 잣대로 상대방을 단정 지으려는 습관을 버려야 합니다.

사실 누구보다도 목회자가 정죄 의식이 가장 강한 것 같습니다. 저도 목회하면서 성도들을 정죄하고 싶은 못된 마음을 가지지 않으려고 몸부림을 칩니다. 그래서 제가 가정예배를 드릴 때 가족들 앞에 내놓은 기도 제목이, 하나님께서 제 마음에 사랑을 넘치도록 부어주시면 좋겠다는 것이었습니다. 성도들의 허물이 보이지 않게 해달라고 했습니다. 그렇다면 우리 교회에 제 속을 썩이는 교인이 있을까요? 정말 진심으로 하는 이야기인데, 우리 교회 성도 중에 제 속을 썩이는 분이 한 분도 없습니다. 정말 그렇습니다. 제 속을 썩이는 성도가 없는 이유는, 제가 이 마음을 가지려고 하기 때문입니다. "나도 부끄러운 것이 많은 인간인데 누구를 정죄하나." 이렇게 생각하니까 용서 못 할 일이 없습니다.

부디 여인에게 말씀하신 주님의 음성이 우리 모두에게 들려지길 바랍니다. "나도 너를 정죄하지 아니하노니." 그래서 우리의 마음을 아프게 했던 사람이 있다면, 그 사람에게 이 메시지를 들려줄 수 있으면 좋겠습니다. "나도 당신을 정죄하지 않습니다."

교회는 완벽한 사람들이 모이는 곳이 아닙니다. 용서받은 죄인들이 모이는 곳입니다. 그렇기에 교회는 서로를 정죄하면 안 됩니다. 한번 잘못하면 주홍글씨를 이마에 달고 다녀야 하는, 그런 곳이 되어서는 안 됩니다.

"나도 너를 정죄하지 아니하노라"라는 말씀의 은혜가 우리 가운데 임하기를 바랍니다. 우리 안에 있는 상한 마음, 부끄러운 모습이 주님의 십자가 은혜로 모두 치유받기를 바랍니다.

부끄러운 자리에 머물지 않도록 몸부림쳐야 합니다

예수님께서 간음한 여자를 용서해주신 후에 말씀하십니다. "예수께서 이르시되 나도 너를 정죄하지 아니하노니"(11절). 그리고 또 말씀하십니다. "가서 다시는 죄를 범하지 말라 하시니라." '다시는 죄를 범하지 말라'고 하신 것을 미루어볼 때, 예수님은 이 여인이 부끄러운 일을 했다는 것을 아셨습니다. 그러나 이제 더 이상 과거를 거론하지 않으십니다.

이 말씀을 볼 때, 제 과거가 주마등처럼 지나갑니다. 지금 생각해보면, 제가 참 미숙할 때 부끄러운 일들을 많이 했던 것 같습니다. 그런데도 제가 지금 하나님의 말씀을 대언할 수 있는 이유는 끊임없이 저를 치유하시는 말씀, "나도 너를 정죄하지 아니하노니"라는 말씀 때문입니다.

목사로 살아가는 것에 있어서 다른 것이 힘든 게 아닙니다. 교인이 저를 괴롭혀서 힘든 게 아닙니다. 사탄이 저를 끊임없이 참소하기 때문입니다. 이 교회가 어떤 교회인데 네까짓 게 목사 노릇을 할 자격이 있냐며 얼마나 저를 참소하는지 모릅니다. 그런데 어떻게 당당하게 이 자리에 설 수 있는지 아십니까? "나도 너를 정죄하지 아니하노니." 이 말씀에 용기를 얻어 일어설 수 있습니다.

우리가 살아가는 이 시대는 무서운 정죄의 시대라고 생각합니다. 따라서 주님께로부터 용서의 은총을 날마다 경험하지 않으면 살아갈 수 없습니다. 또한 우리는 아무리 죄를 짓지 않으려고 해도 그럴 수 없습니다. 정말 이를 악물고 그리스도인답게 살아보려고 발버둥을 치지만, 그래도 또 넘어지는 것이 우리입니다. 그러니 그때마다 늘 이 말씀을 기억하길 바랍니다. "그러므로 이제 그리스도 예수 안에 있는 자에게는 결코 정죄함이 없나니 이는 그리스도 예수 안에 있는 생명의 성령의 법이 죄와 사망의 법에서 너를 해방하였음이라"(롬 8:1-2).

우리는 참 부끄러움이 많은 그리스도인입니다. 그럼에도 불구하고 "나도 너를 정죄하지 아니하노니"라는 말씀은 그리스도인으로서 살아갈 용기를 줍니다. 그래서 저는 이런 예수님이 참 좋습니다. 과거를 따지지 않으시고 언제나 내일을 바라보시는 주님이 좋습니다. 그분께서 이제부터가 중요하다고 하십니다. 넘어졌더라도 또다시 시작하면 된다고 하십니다.

날마다 부끄러운 일을 하지 않도록
하나님의 은혜를 구해야 합니다

저는 그리스도인에게는 부끄러운 일, 그렇지 않은 일이 따로 구분되어 있다고 생각하지 않습니다. 돈 봉투 하나를 받아도 그것이 부끄러운 일이 될 수 있고, 그렇지 않을 수도 있습니다. 또 회식 자리에 앉아 있어도 그 자리가 부끄러운 자리가 될 수 있고, 그렇지 않을 수 있습니다. 그렇기에 우리는 항상 선한 양심을 가지고 그 양심의 소리에 귀를 기울여야 합니다. 양심은 우리의 부끄러움을 일깨워주는 자명종입니다.

또한 우리는 용서받은 그리스도인으로서, 과거에 어떤 잘못을 했어도 용서해주시는 예수님의 은혜를 입은 자로서 합당하게 살아가야 합니다. 우리가 항상 마음속으로 되뇌면서 외쳐야 할 말씀, "나도 너를 정죄하지 아니하노니 가서 다시는 죄를 범하지 말라"는 말씀을 기억하면서 항상 죄를 이길 수 있는 은혜를 구하는 우리가 되어야 합니다.

"나도 너를 정죄하지 아니하노니"라는 말씀을 보면, 예수님은 참 관대하신 분이라는 생각이 듭니다. 마치 죄를 지어도 아무것도 아닌 것처럼 아주 쉽게 용서해주시는 분처럼 보입니다. 그런데 그런 생각 끝에, 문득 생각난 사실이 하나 있습니다. 과연 이 여인은 예수님과 헤어진 후에 또다시 죄를 지었을까요? 아니면 다시는 죄를 안 지었을까요? 다시는 죄를 짓지 않았을 거라고 생각하는 분은 없을 겁니다. 그러면 그다음 질문입니다. 예수님은 이 여인이 또다시 죄지을 것을 아셨을 텐데, 그러면 이미 아시면서도 용서를 해주신 겁니까?

우리는 예수님을 절대 오해해선 안 됩니다. 예수님은 결코 죄를 가볍게 다루시는 분이 아닙니다. 그럼에도 불구하고 예수님께서 여인을 아주 쉽게 용서하신 것처럼 보입니다. 그 이유는 얼마 후에 예수님께서는 십자가에서 죽임을 당하게 되어 있었습니다. 예수님 앞에는 십자가가 기다리고 있었습니다. 따라서 여인에게 하시는 말씀 속에는 이런 뜻이 담겨 있습니다. "여자여, 네가 범한 죄는 절대로 용서받을 수 없는 악이다. 하나님은 너 같은 여자를 돌로 쳐죽이라고 하셨다. 그러나 내가 너를 대신해서 돌에 맞으마. 내가 네 죄를 대신 짊어지고 죽으마. 그러니 딸아 안심하라. 내가 너를 용서한다."

물론 용서받는 쪽에서는 쉽게 용서받습니다. 어떤 수고나 대가를 치르지 않고 용서받습니다. 그러나 하나님은 결코 우리를 쉽게 용서하시는 것이 아닙니다. 하나님 편에서는 자기 아들을 희생하고 용서하시는 것입니다. 예수님의 입장에서는 자기 생명을 십자가에 던지고 용서하시는 것입니다. 이런 예수님의 희생 앞에서 우리는 어떤 반응을 보여야 합니까? 저는 이 말씀을 묵상하면서 마음속으로 수십 번 외쳤습니다. "나도 너를 정죄하지 아니하노니."

요즘 우리 주변만 살펴봐도 화가 나는 일이 참 많습니다. 뉴스를 봐도 화가 나고, 음식물 쓰레기를 함부로 버리는 이웃을 봐도 화가 납니다. 이런 사람들을 향해 "나도 너를 정죄하지 아니하노니"라고 말하는 것이 참 힘듭니다. 그러나 예수님은 그들을 향해 정죄하지 않으십니다. 그런데 우리가 어떻게 그들을 정죄할 수 있겠습니까?

　나도 예수님 앞에서는 똑같은 죄인입니다. 내가 정죄 받기를 원치 않는다면, 나 또한 그들을 정죄하지 말아야 합니다. 이것은 나의 힘으로 불가능합니다. 자기 생명을 내어주시고 나의 모든 죄를 덮으신 주님의 십자가 사랑이 내 속에 부어질 때, 우리는 서로를 정죄하지 않을 수 있습니다.

　우리 모두 부끄러움을 아는 그리스도인이 됩시다. 서로를 정죄하는 대신, 허물을 덮어줍시다. 그리고 부끄러운 자리에 있지 않도록 날마다 은혜를 구합시다. 예수님께서 "나도 너를 정죄하지 아니하노니"라고 말씀하신 것을 기억하면서, 서로 용서하며 사랑하는 아름다운 예수님의 제자가 되기를 간절히 바랍니다.

• 10장 •

믿음을 위한 질문, 대답하는 믿음

Q. 내가 용납하기 어려운 사람의 모습은 무엇입니까? 내 안에는 그런 모습이 없는지 돌아봅시다.

A.

PART 3

믿음은 움직이고 또 움직이게 한다

11장

기도하다, 담대하게

14 그를 향하여 우리가 가진 바 담대함이 이것이니 그의 뜻대로 무엇을 구하면 들으심이라 15 우리가 무엇이든지 구하는 바를 들으시는 줄을 안즉 우리가 그에게 구한 그것을 얻은 줄을 또한 아느니라

(요한일서 5장 14~15절)

제가 어릴 때만 해도 사람들이 '형설지공' 혹은 '개천에서 용 났다' 라는 말들을 했습니다. 새벽마다 신문 배달하며 공부하여 사법고시 에 합격했다거나, 쓰레기 수거하는 아빠를 도와 손수레를 끌고 다 니며 공부해서 의대에 갔다는 이야기가 신문 1면을 장식하곤 했습 니다.

그러나 요즘에는 우리를 기죽이는 말들이 들립니다. 일류대학 에 수석으로 합격했는데, 알고 보니 아버지는 교수고 엄마는 의사 라는 식입니다. 요즘은 어떤 부모 밑에서 태어났느냐에 따라 그 사 람의 성공 여부가 정해집니다. 금수저를 물고 태어난 사람, 똑똑하 고 아름다운 외모의 DNA를 물려받은 사람은 이 세상에서 성공하 기가 훨씬 쉽습니다. 보이지 않는 신분사회가 형성되고 있습니다. 그러다 보니 이제는 열심히 노력해도 성공할 수 없다는 자괴감이 삶의 의욕을 빼앗아 갑니다. 젊은이들은 도전정신을 잃어갑니다. 더 안타까운 것은 그리스도인들마저도 하나님께로부터 위임받은 이 땅의 통치자라는 정체성을 상실한 채, 돈의 권세 앞에 주눅 들 어 기를 펴지 못하고 있습니다. 예수를 믿는다는 말속에 엄청난 의 미가 담겨있는 것을 모르고, 예수 믿는 것을 단지 힘들 때 위로받는 정도로 만족하고 있습니다.

이런 마음으로 성경을 읽게 되니 본문 말씀도 그다지 큰 충격 으로 다가오지 않습니다. "그를 향하여 우리가 가진 바 담대함이 이 것이니 그의 뜻대로 무엇을 구하면 들으심이라 우리가 무엇이든 지 구하는 바를 들으시는 줄을 안즉 우리가 그에게 구한 그것을 얻은 줄을 또한 아느니라"(14-15절). 담대하게 기도하면 하나님께서 무엇이든지 들어주신다고 합니다. 그야말로 인생 역전이 일어납니다. 그런데 왜 우리는 담대하게 기도하지 못하는 걸까요? 게으른 탓일까요, 아니면 믿음이 없는 탓일까요? 물론 이런 이유도 분명히 있습니다. 그러나 그보다 더 큰 이유가 있다고 생각합니다. "급할 때만 하나님 앞에 나와 기도하고 문제가 해결되면 다시 나태해지는데, 성경도 많이 읽지 못하고 교회 봉사도 못하는데 무슨 낯으로 기도할까?"라고 생각하기 때문입니다.

하나님께서는 우리의 이런 모습을 분명히 아십니다. 그런데도 본문에서 담대하게 구하라고 하십니다. 그래서 '담대하게 기도하는 일'에 대해 두 가지를 생각해 보고자 합니다. 우리가 담대하게 기도할 수 있는 이유는 무엇이고 그 말속에 담긴 의미는 무엇인지, 그래서 이를 통해 더 이상 세상에서 주눅 들어 살지 않고 담대하게 기도함으로 하나님의 뜻을 이 땅 가운데 펼쳐나가는 일에 앞장서는 그리스도인이 되기를 간절히 바랍니다.

예수님의 이름으로 기도합니다

먼저 우리가 담대하게 기도할 수 있는 이유는 예수님의 이름으로 기도하기 때문입니다. 우리가 하나님 앞에 나아가려고 할 때, 망설여지는 이유가 있습니다. 자꾸 죄가 생각나기 때문입니다. 양심에 가책을 느껴서 괴롭고 망설여집니다. 그런데 14절은 말씀합니다.

"그를 향하여 우리가 가진 바 담대함이 이것이니 그의 뜻대로 무엇을 구하면 들으심이라."

담대함으로 하나님께 나아가 기도하라고 합니다. 쉽게 표현하면, 얼굴에 철판을 깔고 나아가 기도하라고 합니다. 그 이유는 13절에 나옵니다. "내가 하나님의 아들의 이름을 믿는 너희에게 이것을 쓰는 것은 너희로 하여금 너희에게 영생이 있음을 알게 하려 함이라." 우리가 하나님께 담대히 간구할 수 있는 이유는, 하나님의 아들이신 예수님을 믿기 때문입니다. 아무 죄도 없으신 주님이 십자가 위에서 내가 받아야 할 죄의 형벌을 대신 받으시고 죽으심으로, 나를 하나님의 자녀로 삼아주셨습니다. 자격이라면 그것 하나밖에 없습니다. 그런데 그것 하나면 충분하다고 하십니다. 예수님의 이름을 믿는 믿음이 우리를 하나님 앞으로 담대히 나아가도록 만들어 줍니다. 하나님의 자녀이기 때문입니다.

우리는 왜 이 단순한 진리를 자꾸 잊어버리는지 모르겠습니다. 우리는 참 대단하지 못한 존재입니다. 자랑할 것이 없습니다. 그러나 안타깝게도 우리는 세상의 잣대를 가지고 하나님 앞에 나아가는 자격을 따집니다. 담대함을 잃게 되니 기도는 안 하고 문제 앞에서 걱정만 합니다. 그리스도인으로서의 특권을 잊어버리고 허구한 날 신세타령만 늘어놓습니다. 하나님께 대한 원망과 불평, 염려로 시간을 보냅니다.

문제를 놓고 걱정한다고 해서 해결되지 않습니다. 그런데 걱정해도 해결되지 않을 것을 알면서도 걱정하는 것이 인간입니다. 왜 그럴까요? 걱정밖에 할 수 있는 것이 없기 때문입니다. 그리고 걱정은 하면 할수록 점점 더 그 문제 속으로 빠지게 되고, 결국에는 헤어 나오지 못하고 주저앉게 됩니다.

그러나 그리스도인은 걱정 대신 할 수 있는 일이 있습니다. 바로 기도입니다. 그것도 그냥 하는 것이 아니라 담대함으로 기도하는 것입니다. 히브리서 기자는 하나님 앞에 나아가기를 망설이는 우리를 향해 강하게 권면합니다. "그러므로 우리는 긍휼하심을 받고 때를 따라 돕는 은혜를 얻기 위하여 은혜의 보좌 앞에 담대히 나아갈 것이니라"(히 4:16). 은혜의 보좌 앞으로 담대히 나아가라고 합니다. 왜 그렇습니까? 은혜를 얻기 위해서입니다. '때를 따라 돕는 은혜'입니다.

우리는 날마다 순간마다 하나님의 은혜 없이는 살아갈 수 없는 존재입니다. 그러므로 우리는 시도 때도 없이 하나님 앞에 나아가야 합니다. 은혜를 구해야 합니다. 하나님의 자녀임을 잊지 말고, 예수님의 이름으로 담대히 구해야 합니다.

하나님의 뜻대로 기도합니다

그렇다면 이제 담대히 기도한다는 말속에 담겨있는 구체적인 내용을 생각해 봅시다. 15절은 "우리가 무엇이든지 구하는 바를 들으시는 줄을 안즉"이라고 말합니다. '무엇이든지'입니다. 그런데 여기에 중요한 조건이 있습니다. 14절에 "그의 뜻대로 무엇을 구하면 들으심이라"라고 합니다. 하나님의 뜻대로 구해야 합니다.

그런데 여기서 한 가지 의문이 생깁니다. 어떤 것이 하나님의 뜻일까요? 기도할 때마다 "박 목사, 그건 잘못된 기도니까 다른 기도를 해라"라고 말씀해주시면 참 좋겠지만, 하나님은 그런 말씀을 하지 않으십니다.

먼저 하나님의 뜻인지 아닌지 명백하게 구분되는 것이 있습니다. 예를 들어 "하나님, 이웃집 개소리가 너무 시끄러운데 그 개들이 미쳐서 주인을 물게 해주세요"와 같은 기도는 하면 안 됩니다. 십계명을 비롯하여 하나님께서 주신 계명에서 벗어나는 것들은 무조건하면 안 됩니다. 이런 것들을 제외하고 하나님의 뜻인지 판단되지 않는 것들을 가지고 이야기해봅시다. 사실 우리가 기도하는 것들이 하나님의 뜻에 맞는 기도인지 구분하는 것은 어려울뿐더러, 구분하는 일이 별 의미가 없습니다. 예를 들어, 내 사업이 대기업만큼 커지게 해달라는 기도가 하나님의 뜻입니까? 또 총선 후보자들이 국회의원 되게 해달라고 기도하는 것이 하나님의 뜻입니까? 얼른 대답이 나오지 않습니다. 그것은 하나님의 뜻일 수도 있고 아닐 수도 있습니다.

그렇다면 어떻게 기도하는 것이 하나님의 뜻대로 구하는 기도입니까? 저는 이렇게 말하고 싶습니다. 일단 무슨 기도든 시작하는 것이 중요합니다. 처음부터 하나님의 뜻대로 하는 기도인지 따지지 말고 기도합시다. 하나님의 뜻대로 구하는 것인지 처음부터 구분하기란 여간 어려운 일이 아닙니다. 솔직하게 고백하면, 처음에는 나의 욕심을 채우기 위한 기도일 가능성이 매우 높습니다. 모두 그렇게 시작합니다. 이것은 예수를 오래 믿었어도 예외가 없습니다. 그렇지만 일단 기도를 시작하는 것이 중요한 이유는, 기도하면서 시간이 흐르다 보면 기도의 맥을 잡아 이끌어주시는 분이 계십니다. 바로 성령님이십니다. 비록 처음에는 우리 욕심이 잔뜩 낀 기도로 시작했다고 할지라도, 계속해서 기도의 자리로 나아가면 성령께서 우리의 기도를 하나님의 뜻에 합당한 기도로 조금씩 수정해주십니다. "성령도 우리의 연약함을 도우시나니 우리는 마땅히 기도할 바를 알지 못하나 오직 성령이 말할 수 없는 탄식으로 우리를 위하여 친히 간구하시느니라"(롬 8:26).

그러므로 먼저 기도해야 합니다. 기도하다 보면, 성령께서 인도하셔서 애매했던 하나님의 뜻을 선명히 알게 하십니다. 그래서 하나님의 뜻대로 담대하게 구하게 됩니다.

이제 하나님의 뜻대로 구하는 것이 무엇을 의미하는지 좀 더 구체적으로 생각해 봅시다. 15절입니다. "우리가 무엇이든지 구하는 바를 들으시는 줄을 안즉 우리가 그에게 구한 그것을 얻은 줄을 또한 아느니라." 여기서 '안다'는 말이 두 번 나옵니다. '들으시는 줄을 알면, 또한 구한 그것을 얻은 줄을 안다'고 합니다. 믿는다고 하지 않고 안다고 합니다. 짧은 구절이지만 이 속에는 우리의 생각을 뛰어넘는 놀라운 진리가 함축되어 있습니다.

이 구절을 이해하기 위해서는 3차원적인 생각을 잠시 내려놓아야 합니다. 우리는 예수님께서 가르쳐주신 기도를 잘 압니다. 그

기도의 내용 중에는 "뜻이 하늘에서 이루어진 것 같이 땅에서도 이루어지이다"(마 6:10)라는 대목이 있습니다. 온 우주를 향한 하나님의 뜻이 이미 이루어졌다고 합니다. 어디서 이루어졌습니까? 하늘에서 이루어졌습니다. 온 우주를 구원하시는 하나님의 계획이 하늘에서 이미 다 이루어졌습니다. 이루어진 하나님의 뜻이 이제는 이 땅 가운데서도 이루어지도록 기도하라고 하십니다. 하늘은 어디입니까? 시간 밖의 공간입니다. 시간의 제약을 받지 않습니다. 그리고 하늘에는 하나님이 계십니다. 하나님은 시간 밖에 계시는 분입니다. 따라서 하나님께는 과거, 현재, 미래라는 시제가 무의미합니다. 그렇다면 이렇게 이야기할 수 있습니다. 이미 하나님께서는 창조와 인간의 타락, 예수님의 십자가의 죽음과 부활, 또한 재림하셔서 만물을 회복시키시는 일이 이미 다 이루어졌습니다. 다 끝난 이야기입니다. 그런데 문제는 무엇입니까? 하나님께서 창조하신 이 세상은 시간의 제약을 받습니다. 어제가 있고 오늘이 있으며, 내일이 있습니다. 따라서 이미 하늘에서는 다 이루어진 하나님의 뜻이지만, 그 뜻이 이 땅 가운데서 이루어지려면 시간이라는 절차를 따라야 합니다.

그러므로 계속해서 기도의 자리로 나아가면 성령께서 우리의 눈을 밝혀주시는데, 하늘의 시각에서 우리가 드리는 기도내용을 보게 하십니다. 마치 하늘에서 우리의 문제를 내려다보는 셈이 됩니다. 그러면 지금 우리가 드리는 기도는 그것이 어떤 기도라고 할지라도 '이미 다 이루어진 상태'입니다. 그래서 15절에 '우리가 구하는 것은 받은 줄로 안다'고 표현한 것입니다. 이것은 참 재미있는 표현인데, 구하는 것은 현재의 일이고 받는 것은 미래의 일입니다. 그런데 구하는 것은 이미 받은 줄로 안다고 함으로써 현재와 미래를 동시에 이야기합니다.

하나님 나라에는 시간 개념이 없습니다. 시간과 공간을 초월해 계시는 하나님께서는 이 세상을 구원하는 일이 이미 다 이루어졌습니다. 따라서 그리스도인이 기도하면서 가지는 지금의 확신은, 미래에 이루어질 것에 대한 응답이 됩니다. 얼마나 신나는 말씀입니까? 지금 우리는 안고 있는 고통으로 인해 눈물을 흘리고 해결의 실마리조차 보이지 않는 문제로 낙심하지만, 그래도 하나님 앞에 나아가 기도했더니 하나님의 시각에서 우리의 문제를 보게 하십니다. 또 하나님의 시각에서 문제를 바라보니, 이미 다 이루어진 일이라 걱정할 일이 아니라는 것을 알게 됩니다. 우리의 기도가 응답받을 줄 믿는 정도가 아니라, 응답받은 줄로 알게 됩니다. 기도하면 이런 엄청난 보장이 따르기에 담대하게 기도하라고 하는 것입니다.

현재 우리가 사는 세상은 머리 위로 미사일이 날아다니고 온갖 악의 손길이 생명과 안전을 위협하며, 직장 문제와 병으로 인한 두려움이 엄습합니다. 그러나 하나님께서 사랑하시는 자, 곧 그의 뜻대로 부르심을 입은 우리에게는 모든 것이 합력하여 선을 이룰 줄 알기 때문에 두려워하지 않습니다.

얼마 전 우리 교회 금요기도회 때, 어느 전도사님이 아주 은혜로운 예화를 소개해주었습니다. 미국의 웨스트민스터 신학교 교수인 한 목사님이 멕시코 선교를 할 때의 이야기입니다. 어느 날 한밤중에 어린 소녀가 두려움에 떨면서 선교사님 집을 찾아왔습니다. 그 소녀는 4살 때 어머니를 여의었고 아버지는 알코올 중독자가 되어 자신을 학대하자, 집을 뛰쳐나온 것입니다. 그리고 소녀는 두세 달 동안 쓰레기더미를 뒤져 음식 찌꺼기를 먹으며 연명했습니다. 그러던 중 선교사의 집에 가면 음식을 먹을 수 있다는 말을 듣고 밤중에 찾아왔습니다. 선교사님은 소녀의 몸을 씻기고 음식을 먹였습니다. 그러나 차마 다시 보낼 수 없습니다. 그래서 이 소녀를 놓고 가족회의를 한 끝에, 가족으로 입양하기로 결정했습니다.

선교사님이 소녀에게 말했습니다. "이제부터 너는 내 딸이다. 그리고 이 집은 너의 집이다. 이제 집 안에 있는 것은 무엇이든 마음 내로 먹고, 마음대로 사용해도 된다. 그리고 필요한 것이 있으면 이야기해라. 내가 도와주겠다." 그런데 한 달이 지나고 두 달이 지나도 소녀는 아빠에게 필요한 것을 요청하지 않았습니다. 학교에 다녀오면 눈치를 살피다가 자기 방으로 들어가 버렸습니다. 왜 그랬을까요? 아이의 마음에는 두려움이 있었습니다. 아빠의 사랑을 한 번도 받지 못하고 살다가 엄청난 복을 누리게 되었는데, 혹 '잘못 구했다가 아빠에게 미움이라도 받아서 쫓겨나면 어떻게 하나' 하는 두려움 때문에 구하지 않았던 것입니다.

그 후 몇 년이 흘렀습니다. 어느 날 소녀가 아주 조심스럽게 아빠의 방문을 두드렸습니다. 그리고 망설임 끝에 말했습니다. "아빠, 나 신발 끈이 필요해요." 그 순간, 소녀의 말을 들은 선교사님이 자리에서 뒤돌아 앉아 울었습니다. 너무 사소한 것을 구해서, 아이가 불쌍해서 운 것이 아니라 "이제 드디어 나를 아빠로 인정하는구나, 나를 의지하는구나"라는 감격에 울었다는 것입니다.

하나님의 마음이 그렇지 않을까 생각해봅니다. 하나님께서는 우리를 너무 사랑하셔서 우리를 대신하여 자기 아들을 십자가에 희생시키시고, 우리를 하나님의 자녀로 입양해주셨습니다. 우리는 하나님의 자녀가 되었습니다. 이 사실 하나만으로 우리는 하나님 앞에 담대하게 나아갈 수 있는 충분한 자격을 갖추었습니다. 그리고 이제 기도라는 방법을 통해, 우리의 필요한 것들을 구하고 자녀로서의 특권을 누리며 하나님의 대리인이 되어 이 땅을 다스리도록 하셨습니다. 그런데 문제는 우리입니다. 우리는 하나님의 자녀가 되었음에도 불구하고 '하나님이 나를 거절하시면 어떻게 하나?' 하는 두려움을 가집니다. 그래서 하나님 앞에 나아가는 일을 망설입니다.

하나님께서는 우리의 기도를 통해, 이미 이루어진 놀라운 하늘의 비밀들을 이 땅 가운데 풀어놓기를 원하십니다. 그런데 우리가 담대하게 구하지 못해서 하나님의 뜻을 다 이루어드리지 못한다면 얼마나 안타까운 일인지 모릅니다.

우리는 자기연민에 빠져서는 안 됩니다. 나의 연약함만 묵상하고 내 눈앞에 닥친 문제 앞에서 탄식만 하고 있어선 안 됩니다. 아무리 끝이 보이지 않는 시련 가운데 있다고 할지라도, 이미 하늘에서는 다 이루어진 일입니다. 하나님께서는 우리에게 기도라는 놀라운 무기를 주셨습니다. 기도로써 하늘의 뜻이 우리 삶의 현장, 고통의 현장에 이루어지도록 해야 합니다. 성령님께서는 우리의 영안을 열어주시기를 원합니다. 그래서 우리가 눈앞에 펼쳐진 고통에 함몰되는 것이 아니라, 하늘에서 이미 이루어진 하나님의 선하신 뜻을 알고 그 뜻을 이 땅 가운데 펼쳐가는 일에 앞장서기를 원하십니다.

예수 그리스도의 이름으로 하나님의 은혜의 보좌 앞에 담대히 나아가길 바랍니다. 또한 주님께 부르짖어 기도함으로 하나님의 뜻을 이루어 드리는 우리가 되기를 간절히 바랍니다.

• 11장 •

믿음을 위한 질문, 대답하는 믿음

Q. 요즘 나의 기도제목은 무엇인지 생각해보고, 믿음의 기도로 수정해봅시다.

A.

12장
순종하다, 무익한 종으로서

5 사도들이 주께 여짜오되 우리에게 믿음을 더하소서 하니 **6** 주께서 이르시되 너희에게 겨자씨 한 알만한 믿음이 있었더라면 이 뽕나무더러 뿌리가 뽑혀 바다에 심기어라 하였을 것이요 그것이 너희에게 순종하였으리라 **7** 너희 중 누구에게 밭을 갈거나 양을 치거나 하는 종이 있어 밭에서 돌아오면 그더러 곧 와 앉아서 먹으라 말할 자가 있느냐 **8** 도리어 그더러 내 먹을 것을 준비하고 띠를 띠고 내가 먹고 마시는 동안에 수종들고 너는 그 후에 먹고 마시라 하지 않겠느냐 **9** 명한 대로 하였다고 종에게 감사하겠느냐 **10** 이와 같이 너희도 명령 받은 것을 다 행한 후에 이르기를 우리는 무익한 종이라 우리가 하여야 할 일을 한 것뿐이라 할지니라 (누가복음 17장 5~10절)

저는 두 종류의 믿음이 있다고 생각합니다. 하나는 그저 믿기만 하면 되는 믿음, 구원에 이르는 믿음이고 또 하나는 구원받은 이후에 그리스도인으로 살아가면서 필요로 하는 믿음입니다. 구원에 이르는 믿음은 우리의 어떠한 행위나 노력 없이 오직 은혜로 주어지지만, 구원받은 이후에 그리스도인으로 살아가면서 필요로 하는 믿음은 순종이라는 행위를 통해 자라납니다.

본문에서 제자들은 예수님께 나아와 자기들에게 믿음을 더해 달라고 요청합니다. 그들이 이런 요청을 드린 이유는, 본문 바로 앞에 나오는 예수님의 말씀 때문이었습니다. "만일 하루에 일곱 번이라도 네게 죄를 짓고 일곱 번 네게 돌아와 내가 회개하노라 하거든 너는 용서하라 하시더라"(4절).

제자들은 이 말씀을 들었을 때 놀랐을 것 같습니다. 그들은 나름대로 믿음이 있다고 생각했는데, 예수님께서 자기들이 생각하던 믿음과는 전혀 다른 차원의 이야기를 하시니 위기감을 느꼈나 봅니다. 그래서 예수님께 더 큰 믿음을 주시기를 부탁드린 것입니다.

믿음을 더해달라는 제자들의 요청에, 예수님은 한 가지 비유를 말씀하십니다. 이 비유를 직역하면 "너희가 겨자씨 한 알만한 믿음만 가졌어도 뽕나무더러 뿌리가 뽑혀 바다에 심기라 해도 그대로 순종했을 것"이라고 하신 것입니다. 예수님께서 믿음을 겨자씨에 비유하신 의도가 무엇일까요? 겨자씨는 너무 작기 때문에 그 크기를 이야기하기 어렵습니다. 그렇기에 예수님께서 믿음을 겨자씨에 비유하신 의도는, 믿음의 크기를 이야기하려고 하신 것이 아니고 '믿음의 유무'를 이야기하려고 하신 겁니다.

　제자들의 요청에서 우리가 유념할 단어가 있습니다. 제자들은 믿음을 달라고 하지 않고, 믿음을 더해 달라고 요청합니다. 더해 달라는 말은, 자기들에게 믿음이 있음을 전제로 합니다. 제자들은 예수님께서 행하시는 수많은 기적을 보았고, 자신들도 직접 예수님의 이름으로 명령했을 때 귀신이 항복하는 것을 경험했습니다. 그런 경험을 하고 나니, 자기들에게도 나름대로 믿음이 있다고 확신한 것입니다. 그런데 예수님은 믿음을 겨자씨에 비유하시면서 "내가 볼 때 너희에게는 믿음이 없다"고 단언하십니다.

　그렇다면 무엇이 참 믿음일까요? 예수님께서는 참 믿음에 관해 설명하시기 위하여, 7절부터 또 하나의 비유를 말씀하십니다. 그리고 진짜 믿음은 제자들이 생각하는 것처럼 자신이 중심이 되어 육신의 필요를 채우고 자기 만족적인 차원에 머무는 것이 아니라, 하나님이 주체가 되셔서 하나님의 말씀에 철저하게 순종하는 믿음이라고 하십니다. 우리는 믿음생활을 한다고 하지만, 순종하는 일은 어렵습니다. 4절 말씀에 나오는 '용서'라는 문제만 놓고 보더라도, 당시 제자들뿐만 아니라 오늘을 살아가는 우리에게도 가장 순종하기 힘든 영역이 아닐까 생각합니다.

　우리는 믿는다는 말을 많이 하며 삽니다. 그러나 예수님이 인정하시는 온전한 믿음을 가늠하는 기준은 "믿음으로 기도했더니 사업을 크게 확장해주셨다" "믿음으로 간구했더니 귀신이 떠나갔다" "믿음으로 간구했더니 병이 나았다"와 같이 육신의 필요를 채우는 자기 만족적인 차원의 일이 아닙니다. 얼마나 말씀에 순종했냐는 것이 그 평가 기준입니다.

우리 교회는 제자훈련을 하는 교회입니다. 그리고 제자훈련에서 추구하는 핵심적인 가치가 바로 순종입니다. 아무리 오래 예수를 믿었고 교회에서 직분도 받았어도, 말씀에 순종할 줄 모르면 그 믿음은 아직 큰 믿음이라고 할 수 없습니다.

저는 한국교회가 믿음을 너무 저렴하게 정의했기에 위기가 왔다고 생각합니다. 저렴하게 정의했다는 말을 구체적으로 말하면, 너무 지나치게 자기중심적인 믿음을 강조했습니다. 자기 필요를 얼마나 많이 충족시키느냐에 따라 믿음의 크고 작음을 평가했습니다. 그러다 보니 한국교회는 하나님을 중심으로 그 말씀에 순종하는 믿음생활이 아니라, 자기중심적인 믿음생활을 합니다. 믿음의 주체가 자기 자신이 되어버렸습니다. 그래서 자기 기분대로 교회를 섬깁니다. 예수를 믿어서 얼마나 이익을 보았는지, 얼마나 자기 필요를 채웠는지가 믿음생활의 기준이 되었습니다. 그 결과, 성도들로 하여금 이기적인 믿음생활을 하게 만들었습니다. 희생과 손해, 섬김이 낯선 단어가 되게 했습니다.

그렇다면 온전한 순종을 하려면 어떻게 해야 할까요? 예수님은 7절부터 또 한 가지의 비유를 말씀하시며 순종하는 믿음에 관해 설명하십니다. 이 말씀 앞에 나의 믿음을 비춰보며, 온전한 순종을 위해서는 어떻게 해야 하는지 함께 생각해 봅시다.

피곤해도 순종해야 합니다

종은 온종일 뙤약볕에서 밭을 갈고 양을 치다가 돌아왔습니다. 그 피곤함은 이루 말할 수 없습니다. 그런데 주인은 종의 피곤함을 전혀 고려하지 않습니다. "밭을 갈거나 양을 치거나 하는 종이 있어 밭에서 돌아오면 그더러 곧 와 앉아서 먹으라 말할 자가 있느냐 도리어 그더러 내 먹을 것을 준비하고 띠를 띠고 내가 먹고 마시는 동안에 수종들고 너는 그 후에 먹고 마시라 하지 않겠느냐"(7-8절).

오늘날에는 종의 개념이 사라졌지만, 당시 고대 근동 사회에서 종은 주인을 위해 존재하는 사람이었습니다. 따라서 종은 항상 자기 형편보다 주인의 형편을 먼저 살펴야 했습니다. 그것이 종의 의무였습니다. 피곤하다는 이유는 자신의 의무를 면제받을 조건이 될 수 없었습니다.

오늘날 우리의 삶도 피곤하고 지칩니다. 현대사회는 우리를 자꾸 바쁘게 만듭니다. 세상에 우리의 정신을 빼앗는 일들이 얼마나 많은지 모릅니다. 그래서 가만히 생각해 보면, 자유를 외치지만 정작 우리에게는 자유가 없음을 느낍니다. 종은 자기 스케줄대로, 자기 마음대로 시간을 가질 수 없는 존재입니다. 그렇게 봤을 때, 사실 우리도 늘 무언가에 매여서 살아갑니다. 일에 매이고 인간관계에 매이며, 모임에 매이고 돈에 매입니다. 세상이 우리를 가만두지 않습니다. 종이 따로 없습니다. 이렇게 매이다 보니 신앙생활을 하는 것이 너무 힘들어졌습니다. 성경을 읽고 기도하는 일이 자기 유익을 위한 일임에도, 바쁘고 피곤해서 성경 한 장 제대로 읽지 못하고 일주일을 보냅니다. 또 생활에 지쳐있다 보니 다른 사람을 섬길 수도 없습니다.

한때 '복세편살'이라는 말이 유행했습니다. '복잡한 세상, 편하게 살자'는 뜻입니다. 이는 피곤하다는 말입니다. 그러다 보니 우리의 신앙생활도 자기중심적으로 되어갑니다. 그래서 순종하는 일을 점점 기피하게 되었습니다. 현재 한국 사회의 상황도 한마디로 표현하면 '피곤'이라고 할 수 있습니다. 왜 한국 사회가 피곤합니까? 그동안 너무 앞만 보고 달려왔기 때문입니다. 성공과 출세를 위해 뒤도 돌아보지 않고 달려왔습니다.

성공지상주의는 결과를 중시합니다. 성과를 중시합니다. 그래서 뒤처지는 사람은 소외되기 마련입니다. 앞서가는 사람은 뭔가를 이루어야 하기에 피곤하고, 뒤따라가는 사람은 쫓아가야 하기에 피곤합니다. 잘 사는 사람도 피곤하고, 힘겹게 사는 사람도 피곤을 느낍니다. 그래서 서로 반목하고 갈등합니다. 가진 자와 가지지 못한 자, 배운 자와 배우지 못한 자, 계층 간 대립 관계가 형성되어 있습니다. 상대방을 죽여야 내가 사는 식이 되어버렸습니다.

요즘 한국교회도 점점 주중 집회가 불가능해지고 있습니다. 교회 직분을 받아도 주중 집회에 나오지 않는다고 뭐라 말할 수 없습니다. 일주일 내내 일에 치이고 업무에 시달리다가 교회에 오기에, 주일 하루 정도는 쉬고 싶어 합니다. 또 교회 일도 하고 싶어 하지 않습니다.

그러나 좋은 시간이 남아서 사역하지 않습니다. 힘이 남아서 일하지 않습니다. 해야 할 일이기에 합니다. 피곤함 때문에 성경을 읽지 못하고 기도하지 못한다고 정당화할 수 없습니다. 종에게는 피곤함이 핑곗거리가 되지 못합니다.

하나님께서는 젖 먹던 힘을 내서 순종할 때 기뻐하십니다. 피곤해도 하나님께 순종하는 것, 이것이 하나님이 기뻐 받으시는 믿음입니다. 피곤함을 넘어 온전한 순종의 제사를 드리는 우리가 되어야 합니다.

상한 감정에도 불구하고 순종해야 합니다

온종일 일하고 돌아온 종은 어떤 마음이었을까요? 자기의 수고를 알아주는 말을 듣고 싶었을 것입니다. 그러나 주인은 종의 감정을 전혀 고려하지 않습니다. "명한 대로 하였다고 종에게 감사하겠느냐"(9절). 수고했다는 말 한마디라도 해주면 좋겠는데, 그런 말조차 없으니 참 서운할 것 같습니다. 그러나 성경은 그것을 기대하며 주인을 섬기는 것은 종이 아니라고 합니다. 종은 감정도 초월해야 함을 말합니다.

살아가다 보면 기분이 상할 때가 많습니다. 지금 내 상황이 만족스럽다면 상처받지 않지만, 내 인생이 뜻대로 돌아가지 않을 때 상처를 받게 됩니다. 주변 사람들이 내 생각대로 움직여주지 않고 일도 계획했던 대로 굴러가지 않을 때, 또 남들보다 잘살아 보겠다고 수고하면서 발버둥 치는데 결과가 만족스럽지 않을 때 마음이

상합니다.

　사실, 기분이 상하는 이유는 피곤하기 때문입니다. 피곤하면 감정도 상하고 예민해집니다. 그리고 이런 모습은 하나님의 말씀에 순종하는 일에 고스란히 반영됩니다. 이 상처가 아주 쉽게 나타나는 곳이 교회 사역 현장입니다. 열심히 하다가도 내 감정이 상하면 그만 돌아앉아 버립니다. 교회 사역은 강제성이 없습니다. 그래서 하기 싫다고 하면 어떻게 해볼 도리가 없습니다. 물론 모든 일이 잘 되면 신이 나서 하지 말라고 해도 합니다. 그러나 상한 감정에 사로잡히면, 기쁨으로 봉사하던 일조차 짜증나는 일이 되어버립니다.

　언젠가 저도 상한 마음으로 QT를 한 적이 있습니다. 그날 본문 말씀은 레위기 10장이었습니다. 말씀에는 아론의 두 아들, 나답과 아비후가 하나님이 명하시지 않은 불로 제사를 드리다가 목숨을 잃는 비극적인 사건이 기록되어 있었습니다. 그때 모세가 아론의 남은 가족들에게 말합니다. "모세가 아론과 그의 아들 엘르아살과 이다말에게 이르되 너희는 머리를 풀거나 옷을 찢지 말라 그리하여 너희가 죽음을 면하고 여호와의 진노가 온 회중에게 미침을 면하게 하라"(레 10:6).

　이스라엘 사람들은 슬픔을 표현하기 위해 머리를 풀고 옷을 찢었습니다. 그런데 아들이 죽었는데도 슬픔을 표현하지 말라고 합니다. 저는 이 말씀을 묵상하면서 "하나님, 이거 너무 하시는 거 아니에요?" 하는 생각이 들었습니다. 그러다가 문득 하나님께서 목회자에게 요구하시는 수준이 이렇게 높은 것이라는 사실을 깨닫게 되었습니다. 그러면 "나는 목회자가 아니니까 상관없는 이야기야"라고 할지도 모릅니다. 그러나 하나님께서는 베드로의 입을 통해 말씀하셨습니다. "너희는…왕 같은 제사장들이요"(벧전 2:9). 여기서 '너희'는 바로 구원받은 우리 모두를 가리킵니다. 따라서 레위기 말씀은 목회자뿐만 아니라 모든 그리스도인에게 해당되는 말씀입니다.

우리는 흔히 "저 지금 봉사(성경 읽을, 기도)할 기분이 아니거든요!"라고 말할 때가 있습니다. 그러나 우리의 기분은 사역을 해야 할지, 말아야 할지를 결정하는 기준이 되지 못합니다. 왜냐하면 우리의 감정은 변덕스럽기 때문입니다. 아침과 저녁이 다릅니다. 변덕스러운 기분에 어떻게 예수님의 말씀에 순종할 것인지를 결정하도록 맡길 수 있겠습니까?

순종하는 일에 나의 감정을 개입시키면 그리스도의 제자가 될 수 없습니다. 감정을 다스려야 합니다. 예수님께서도 말씀하셨습니다. "누구든지 나를 따라오려거든 자기를 부인하고 자기 십자가를 지고 나를 따를 것이니라"(마 16:24). 주님을 따를 때는 기분이 좋든 나쁘든, 기쁘든 슬프든, 일이 잘 되든 잘 안되든 묵묵히 따라가야 합니다. 이것이 진정한 순종의 믿음입니다.

보상이 없어도 순종해야 합니다

본문을 보면, 주인은 종에게 전혀 보상을 고려하지 않습니다. 그 이유는 종이 해야 할 일을 했기 때문입니다. 그래서 종은 어떤 칭찬도

마다한 채, 그저 무익한 종이라고 고백해야 합니다. "이와 같이 너희도 명령 받은 것을 다 행한 후에 이르기를 우리는 무익한 종이라 우리가 하여야 할 일을 한 것뿐이라 할지니라"(10절).

인간의 본성에는 보상심리가 있습니다. 그래서 세상에서는 자기에게 돌아올 유익이 없는데 일하려고 하는 사람이 없습니다. 그러나 보상을 바라지 않는 것, 이것이 종의 자세입니다. 보상하는 것은 주인의 소관입니다. 종의 바랄 수 있는 영역이 아닙니다. 종은 마치 아무 상도 받을 것이 없는 자처럼 일하는 존재입니다.

오늘날 한국교회를 병들게 만든 것도 보상심리가 아닐까 생각합니다. 저에게도 보상심리가 있었습니다. 저는 목회를 참 열심히 했습니다. 열심히 제자훈련을 했기에, 교인들이 변화될 것을 기대했습니다. 그런데 이런 기대를 하니 교인들에게 자꾸 서운한 생각이 들었습니다. 그러던 어느 날, 한 사건이 일어났습니다.

어떤 장로님이 저를 찾아왔습니다. 그리고 자기가 기도하는 중에 하나님께서 목사님께 십일조를 갖다 드리라고 했다고 합니다. 그러면서 봉투를 내밀었습니다. 봉투 안에는 천만 원이 들어있었습니다. 그런데 그다음에 하는 말이, 매달 천만 원씩 제 통장으로 보내겠다고 했습니다. 그 순간 저는 '하나님께서 보상해주시는 게 아닌가?' 하는 생각이 들었습니다. 그러나 이내, 목사가 보상을 바라는 순간에 천박해짐을 보았습니다. '모두가 보상을 바라지 않고 순종하려고 애쓰는데, 담임목사라고 혼자 빛나고 교인들로부터 대접이나 받아서야 되겠나' 하는 생각이 들었습니다.

우리는 십일조를 냈으니 사업의 보상을 받아야 하고, 교회 봉사를 했으니 장로나 권사 직분을 마땅히 받아야 한다고 생각합니다. 그리고 보상이 따르지 않으면 불평합니다. 믿음을 지키며 말씀대로 살려고 했는데, 결과가 이게 뭐냐고 화를 냅니다.

나는 예수를 믿으면서 보상을 바라고 있지 않습니까? 내가 교회를 위해 희생하고 온 마음을 드려 섬겼는데, 아무도 나의 수고를 알아주지 않고 당연한 것으로 여겨서 마음에 시험이 듭니까? 그러나 기억해야 합니다. 우리는 모두 종입니다. 누가 내가 하는 일을 알아주느냐, 않느냐는 중요하지 않습니다. 오직 하나님만 영광 받으시고, 하나님만 높임을 받으시면 됩니다.

저는 그 일이 있고 난 뒤, 보상을 바라지 않고 사역하려면 어떻게 해야 할지 고민하며 다음과 같이 정리했습니다. 첫째, 설교를 통해 은혜받았다는 말을 기대하지 말자. 둘째, 식사대접을 받지 말자. 셋째, 돈 봉투를 받지 말자. 물론 정성이 담긴 작은 선물까지 받지 않겠다는 것은 아닙니다. 그러나 큰 대접을 자주 받다 보면 처음에는 사랑으로 다가오지만, 익숙해지면서 당연하게 여깁니다. 그러면서 감사한 마음도 변질됩니다. 저는 저 자신을 믿을 수 없기에, 아예 처음부터 저 자신을 통제하려고 합니다. 목사도 종입니다. 종이 무슨 대접을 기대하겠습니까?

벌써 10년 전 이야기인 것 같습니다. 한번은 서울 강남에 있는 큰 교회의 설교 부탁을 받아서 간 적이 있습니다. 버스를 타고 지하철을 타고 강남역에서 내렸습니다. 오랜만에 방문한 강남역은 변화가로 바뀌어 있었습니다. 높은 빌딩과 명품점이 들어섰고, 많은 사람이 길을 메우면서 지나갔습니다. 사실 저는 서초동에서 사역하다가 경기도 광주로 내려갔기에, 저에게 강남역은 익숙한 곳이었습니다. 그런데도 눈이 휘둥그레질 정도로 변화했습니다. 그런데 그때, 저도 모르게 이런 기도가 불쑥 나왔습니다. "하나님, 저도 이런 곳에서 목회 한 번 할 수 없을까요? 제 설교도 이만하면 강남에서 통하고, 비주얼도 좀 되지 않아요? 얼굴이 크면 턱 좀 깎죠. 뭐."

제가 하나님의 부르심에 순종하여 광주에 왔다고 했지만, 부끄럽게도 저의 잠재의식 속에 서울에서 목회하는 목사님들을 부러워하는 마음이 있었나 봅니다. 그리고 그때, 번개 치듯 제 마음을 울리는 말씀이 있었습니다. 정말 선명하게 들리는 말씀이었기에 깜짝 놀랐습니다. "너희 안에 이 마음을 품으라 곧 그리스도 예수의 마음이니 그는 근본 하나님의 본체시나 하나님과 동등됨을 취할 것으로 여기지 아니하시고 오히려 자기를 비워 종의 형체를 가지사 사람들과 같이 되셨고 사람의 모양으로 나타나사 자기를 낮추시고 죽기까지 복종하셨으니 곧 십자가에 죽으심이라"(빌 2:5-8). 그리고 하나님께서 말씀하셨습니다. "너 목사잖아? 예수님을 따라야지." 그날 지하철역에서 나와 교회까지 걸어가는데 눈물이 났습니다. 그리고 다시 한번 하나님 앞에 헌신을 다짐하는 시간을 갖게 되었습니다.

예수님께서 우리에게 말씀하십니다. "온전한 믿음을 가지고 싶으냐? 그렇다면 피곤해도 순종해라. 상한 감정에도 불구하고 순종해라." 어떠한 보상이 없어도 순종하라고 하십니다. 그런데 생각해 봅시다. 만약 예수님이 저 높은 하늘에서 이 말씀을 하셨다면, 분명 예수님은 폭군에 지나지 않았을 것입니다. 그러나 예수님은 십자가의 자리까지 낮아지시고 죽기까지 순종하셨습니다. 그렇기에 우리가 아무리 자기 자신을 포기했다고 한들, 하늘의 영광을 포기하신 예수님만큼 포기했다고 할 수 없습니다. 아무리 낮아진들 예수님만큼 낮아질 수 없습니다. 예수님 앞에 우리는 변명을 늘어놓을 수 없습니다.

믿음이란 내 사업을 얼마나 크게 확장했는지, 교회를 얼마나 성장시켰는지 등과 같은 것들로 가늠하는 것이 아닙니다. 얼마나 말씀에 순종했는지, 나의 상황과 감정과 상관없이 얼마나 하나님의 말씀을 따르고 있는지 생각해야 합니다. 그리고 이런 믿음만이 하나님을 기쁘시게 해드릴 수 있습니다.

우리는 이 땅에서 보상을 기대하기 때문에 순종하는 것이 아닙니다. 사실 비밀을 말하자면, 진짜 보상이 있습니다. 예수님께서 다시 오시는 날, 우리가 이 땅을 사는 동안 청지기로서 행한 일들을 예수님과 계산할 날이 있습니다. 그때 제대로 된 보상을 받게 될 것입니다. 그날에 예수님께서 우리를 높여주실 것입니다. 예수님과 함께 온 천하를 다스리는 왕 노릇을 하게 될 것입니다.

그러므로 우리 함께 그날을 바라봅시다. 그날의 영광을 기대합시다. 한 사람도 예외 없이 예수님께로부터 "참 수고했다, 충성된 종아!"라는 칭찬을 받게 되기를 간절히 바랍니다.

• 12장 •

믿음을 위한 질문, 대답하는 믿음

Q. 하나님께서 내 삶에 원하시는 순종은 무엇일지 3가지를 적어봅시다.

A.

13장
소망하다, 시련을 겪어도

1 하나님이여 사슴이 시냇물을 찾기에 갈급함 같이 내 영혼이 주를 찾기에 갈급하니이다 **2** 내 영혼이 하나님 곧 살아 계시는 하나님을 갈망하나니 내가 어느 때에 나아가서 하나님의 얼굴을 뵈올까 **3** 사람들이 종일 내게 하는 말이 네 하나님이 어디 있느뇨 하오니 내 눈물이 주야로 내 음식이 되었도다 **4** 내가 전에 성일을 지키는 무리와 동행하여 기쁨과 감사의 소리를 내며 그들을 하나님의 집으로 인도하였더니 이제 이 일을 기억하고 내 마음이 상하는도다 **5** 내 영혼아 네가 어찌하여 낙심하며 어찌하여 내 속에서 불안해 하는가 너는 하나님께 소망을 두라 그가 나타나 도우심으로 말미암아 내가 여전히 찬송하리로다 (시편 42편 1~5절)

인생을 살다 보면 기쁜 일도 있지만, 눈물짓게 만드는 시련의 일도 있습니다. 나는 지금까지 어떤 시련을 겪었습니까? 또 어떤 시련을 겪고 있습니까? 이 땅에 두 발을 딛고 사는 한, 시련을 겪지 않는 사람은 없습니다. 예수 믿는 사람이라고 해서 시련이 피해 가는 것도 아닙니다. 인생을 사는 자체가 시련의 연속이기에, 왜 우리가 시련을 겪어야 하는지 묻는 것은 불필요합니다.

대신 우리는 시련을 겪을 때 어떻게 반응해야 하는지 물어야 합니다. 어떻게 반응해야 합니까? 감사하고 찬양하며 믿음의 반응을 보여야 합니다. 그러나 이것만큼 어려운 일도 없습니다. 아무리 믿음이 좋다고 자부하는 사람이라도 불같은 시련 앞에서는 그 믿음이 흔들리기 마련입니다.

저는 하나님께서 우리를 향해 한 가지 큰 꿈을 가지고 계신다고 믿습니다. 욥기를 보면, 하나님께서는 사탄 앞에서 욥을 자랑하십니다. "자, 봐라! 여기 내 아들, 딸들이 있다. 그들이 이 세상에서 승승장구하기 때문에 나를 섬기는 것이 아니라 여전히 어려움 가운데 있지만, 이 어려움 속에서도 믿음을 잃지 않고 당당하게 살아가는 저 모습을 봐라." 이것이 하나님께서 우리에게 갖고 계시는 꿈입니다. 이것이 진정한 믿음이며, 사탄의 입을 다물게 만드는 그리스도인의 모습입니다.

우리는 본문에서 몹시 낙심한 한 사람을 발견합니다. 그가 어떤 상황에 처해 있는지는 자세히 알 수 없습니다. 뭔가 답답한 상황에 있는 것 같습니다. 본문 1절부터 11절까지 '낙심'이라는 단어가 세 번, '불안'이라는 단어가 두 번 나옵니다. 이 말은 계속해서 낙심하고 불안해하고 있다는 것을 보여줍니다.

왜 계속해서 낙심하고 불안해할까요? 상황이 변하지 않기 때문입니다. 문제가 여전히 가시처럼 자기를 찌르기 때문입니다. 게다가 그를 더 힘들게 하는 것은, 하나님을 믿지 않는 원수에 의해 빈정거림을 당하기 때문입니다. 10절에 "내 뼈를 찌르는 칼 같이 내 대적이 나를 비방하여 늘 내게 말하기를 네 하나님이 어디 있느냐 하도다"라고 합니다. 사실 내가 당한 어려운 형편보다 더 견디기 힘든 일은 남들에게 빈정거림을 받는 일입니다.

그렇다면 이러한 슬픔과 절망의 터널을 지날 때, 시편 기자는 어떤 태도를 취하며 이 상황을 극복해 나갑니까? 그는 낙심 가운데서도 하나님께 소망을 두고 시련의 시간을 이겨냅니다. 그렇습니다. 우리도 마찬가지입니다. 시련을 이겨내려면 하나님께 소망을 두어야 합니다. 그렇다면 하나님께 소망을 둔다는 말은 무엇입니까? 여기서는 세 가지 정도의 믿음의 태도에 대해 생각해 보고자 합니다. 이 세 가지는 마치 계단을 오르듯 3단계로 되어 있습니다.

첫째 단계는 우리의 시선이 하나님을 향해야 합니다

시편 기자는 1절에 "하나님이여 사슴이 시냇물을 찾기에 갈급함 같이 내 영혼이 주를 찾기에 갈급하니이다"라고 합니다. 그는 어려운 상황 가운데서 도와줄 힘이 있는 사람을 찾는 것이 아니라, 하나님을 찾습니다. 어떻게 찾습니까? 물을 찾는 사슴처럼 찾습니다.

　옛날 중동의 장사꾼들은 사막을 이동할 때 항상 사슴을 데리고 다녔다고 합니다. 그러다가 사막에서 물이 떨어지면 사슴을 풀어놓았고, 그러면 사슴이 기가 막히게 물 냄새를 맡고 물을 찾아갔다고 합니다. 갈증이 난 사슴에게 물 한 방울은 생명과도 같습니다. 그래서 '구하면 마시고 못 구하면 말고' 식이 아니라 그 상황에서 시냇물을 발견하지 못하면 목말라 죽는다는 절박한 심정으로 물을 구합니다. 마찬가지로 시편 기자도 그러한 모습으로 주님을 찾고 있습니다.

　우리가 시련 앞에서 낙심하는 이유가 무엇입니까? 자신이 처한 환경을 보기 때문입니다. 시편 저자도 전에는 친구들과 함께 성전에 드나들면서 하나님을 찬송하고 하나님의 은혜를 누리며 행복하게 살았는데, 지금은 '네 하나님이 어디 있느냐?'는 비방을 받고 있습니다. 버림받은 신세처럼 느껴지기에 낙심이 되는 것입니다. 인생이라는 것이 그렇습니다. 지금이 옛날보다 조금이라도 더 낫고, 지금보다 내일이 조금이라도 더 좋아야 보기 좋습니다. 옛날에는 화려했는데 지금의 신세는 초라하다고 느끼면, 누구나 마음에 낙심이 생길 수밖에 없습니다. 게다가 시편 기자는 무능한 자기 모습을 봅니다.

　어떤 주석가는 시편 42~43편을 놓고 말합니다. 이 두 장에서 시편 저자는 '하나님'이라는 말은 21번밖에 쓰지 않지만, '나'라는 일인칭은 51번이나 쓴다고 합니다. 그럼 '나'라는 말을 '하나님'이라는 말보다 더 많이 사용한 이유는 무엇일까요? 고통을 당하면 자신에게 갇히기 때문입니다. 그래서 자신만 쳐다보게 됩니다. 그런데 자신을 놓고 보니 어떻습니까? 아무리 생각해 봐도 자기에게는 문제를 해결할 능력이 없습니다. 무력한 자신에게 집중하니 너무 낙심됩니다.

우리는 현실을 바라볼 때, 문제를 해결하지 못하는 무능한 자신을 바라보며 낙심합니다. 그런데 낙심하는 사람은 믿음이 없는 사람입니까? 믿음이 좋은 사람은 불안을 전혀 느끼지 않아야 합니까? 성경을 보십시오. 위대한 믿음의 사람 중 낙심을 경험하지 않은 사람은 없습니다. 하나님의 사람 가운데 불안에 떨지 않은 사람은 없습니다. 믿음이 있어도 떨게 됩니다. 하나님을 진정으로 섬기는 믿음의 사람도 잠을 자지 못할 때가 많습니다.

그러나 하나님을 믿는 사람에게는 다른 점이 있습니다. 낙심 때문에 하나님을 찾는 것입니다. 마음이 불안할수록 하나님을 향해 더 달려갑니다. 그런데 예수를 믿지 않는 사람에게는 이것이 없습니다. 낙심하면 낙심 속에 주저앉아버립니다. 그래서 랄프 왈도 에머슨(Ralph Waldo Emerson)은 이렇게 말했습니다. "나에게 무슨 일이 일어나느냐 하는 것이 중요한 것이 아니라, 내 마음이 어떻게 반응하느냐가 중요합니다."

그렇습니다. 문제가 문제인 것이 아니라 그 문제에 대해 어떤 반응을 보이는가 하는 것이 문제입니다. 내 마음이 낙심되었다면 하나님을 찾아야 합니다. 시편 저자도 너무 낙심되고 불안하자, 5절과 11절에서 이 말을 반복합니다. "내 영혼아 네가 어찌하여 낙심하며 어찌하여 내 속에서 불안해 하는가 너는 하나님께 소망을 두라." 낙심되고 불안할 때마다 하나님을 찾아야 합니다.

어떤 목사님이 비행기를 탔습니다. 그런데 그날따라 기류의 영향으로 기체가 요동치면서 승객들이 불안에 떨었습니다. 그런데 그때, 앞좌석에서 키득키득 웃는 소리가 났습니다. 목사님은 속으로 '정신이 나갔지, 이 불안한 상황에서 웃음이 나오나?'라고 생각하며 앞좌석을 쳐다보았습니다. 그랬더니 어떤 청년이 모니터에 나오는 코미디 프로를 보고 있었다고 합니다. 코미디 프로에 집중하다 보니, 기체가 흔들리는 것조차 느끼지 못했던 것입니다. 아주 짧은 이야기지만 우리가 무엇에 집중하는가에 따라 현실에 반응하는 모습이 다르게 나타난다는 것을 보여줍니다.

우리는 하나님을 찾아야 합니다. 사슴이 시냇물을 찾기에 갈급한 것처럼, 하나님을 찾기에 갈급해야 합니다. 하나님을 향해 우리의 시선이 고정되면, 우리는 어떠한 원수의 공격에도 낙심하지 않고 당당하게 맞설 수 있습니다.

둘째 단계는 자신을 꾸짖어야 합니다

5절과 11절에 보면, 시편 저자는 자신을 책망합니다. "내 영혼아 네가 어찌하여 낙심하며 어찌하여 내 속에서 불안해 하는가." 여기서 내 영혼은 자기 영혼입니다. 자기 자신의 낙심하는 마음, 불신앙의 마음을 꾸짖고 있습니다.

우리가 싸워야 할 대상은 사탄입니다. 우리의 믿음을 흔들고 유혹의 불화살을 쏘아대는 악한 영의 세력과 싸워야 합니다. 그러나 또 하나의 적이 있습니다. 그것은 나 자신입니다. 우리가 시험에 들고 낙망하는 이유가 무엇입니까? 결국 나 자신을 이기지 못하기 때문입니다.

우리가 질병에 걸리는 이유는 몸에 병균이 들어왔기 때문이 아닙니다. 모든 사람에게는 하루에도 수만 가지의 병균이 침투해 들어옵니다. 그런데 누가 병에 걸립니까? 그 병균에 저항할 힘이 없는 육체입니다. 마찬가지로 원수의 공격이 아무리 강하다고 할지라도, 내가 그 공격을 이겨낼 수 있다면 문제 될 것이 없습니다. 그러나 미미한 원수의 공격에도 내가 그 공격을 이겨낼 힘이 없다면, 시험에 들 수밖에 없습니다.

그러므로 나 자신이 약해져 있을 때는 자신을 호되게 꾸짖어야 합니다. "왜 그러고 있는 거야? 저항하란 말이야! 너에게는 하나님이 계시고, 너는 하나님의 자녀야! 왜 흔들리는 거야? 왜 그렇게 불안해하는 거야?" 자신을 채찍질해야 합니다. 킬패트릭(William Heard Kilpatrick)도 이렇게 말했습니다. "믿음은 낙심을 책망한다." 낙심하는 자신을 꾸짖지 못하는 사람은 믿음이 없는 사람이라는 말입니다. 이렇듯 우리는 낙심하는 자신을 다시금 똑바로 바라보며 꾸짖어야 합니다.

그리스도인에게 실패란 없습니다. 단지 새로운 길을 찾은 것뿐입니다. 하나님께서는 우리를 시시한 존재로 만들지 않으셨습니다. 하나님께서 우리를 어떻게 여기시는지 봅시다. "땅에 있는 성도들은 존귀한 자들이니 나의 모든 즐거움이 그들에게 있도다"(시 16:3). 존귀라는 말은 하나님을 설명하는 단어입니다. 그런데 그런 하나님께서 성도들을 존귀하다고 하시며, 하나님의 즐거움이 성도들에게 있다고 하십니다.

하나님은 우리를 보실 때 즐거워하십니다. 우리는 실패했다고 나에 대해 낙심하지만, 하나님은 나를 보시며 즐거워하십니다. 우리가 그런 존재입니다. 그러므로 우리는 낙심하고 있는 나 자신을 질책해야 합니다. 하나님께서 나를 하찮은 존재로 만드시지 않았다는 확신을 가지고 다시 일어서야 합니다. 그래야 우리 자신을 이길 수 있습니다. 우리의 적은 나를 비방하는 원수가 아니라 우리 자신입니다.

성령 충만한 사람은 열등감이나 부정적인 생각, 우울한 마음 가운데 자신을 내버려 두지 않습니다. 사탄이 마음대로 마음에 들어오도록 방치하지 않습니다. 낙심하는 자기 모습을 보면서 분하게 여깁니다. "일어나! 네가 그렇게 쉽게 무너지는 인간이 아니잖아?" 그렇게 자신을 채찍질하고 책망하며, 믿음으로 일으켜 세워야 합니다. 그래야 원수의 조롱 앞에서도 흔들리지 않을 수 있습니다.

셋째 단계는 믿음의 선포를 해야 합니다

5절과 11절 마지막 부분에 반복해서 나오는 외침이 있습니다. "너는 하나님께 소망을 두라 그가 나타나 도우심으로 말미암아 내가 여전히 찬송하리로다"(시 42:5). 찬송하기로 결정했다는 것입니다. 그리고 8절에 보면 기도하겠다고 결단합니다. "낮에는 여호와께서 그의 인자하심을 베푸시고 밤에는 그의 찬송이 내게 있어 생명의 하나님께 기도하리로다."

시편 기자는 5절과 11절에서 "여전히 찬송하리로다"라고 합니다. '여전히'가 무슨 말입니까? '그렇지 않다고 할지라도'라는 뜻입니다. 상황은 바뀌지 않았고 여전히 어두우며, 낙망 되고 불안합니다. 그러나 시편 기자는 의지적으로 찬송하기를 결단하고 나아가겠다고 선포합니다.

믿음이란 무엇입니까? 마음에 찬송하고 싶은 생각이 생기지 않고 기도하고 싶은 마음도 생기지 않으며, 원수의 조롱과 멸시의 말이 계속되고 하나님은 여전히 나에게 침묵하고 계신다고 해도 마음으로 결정하는 것입니다. 아직 찬송할 수 없고 기도도 나오지 않는 상황이지만, 그래도 하나님을 찬송하겠다고 선포하는 것입니다.

신앙생활을 하면서 우리가 오해하는 것 중 하나가 이것입니다. 우리는 마음이 생길 때까지 움직이려고 하지 않습니다. "목사님, 내 상황이 하나도 좋아지지 않았는데 어떻게 하나님께 감사할 수 있습니까?" "용서할 마음이 안 생기는데 어떻게 용서할 수 있습니까?" 그러나 형편에 따라 반응을 보이는 것은 믿음이 아닙니다. 또한 낙심은 감정적인 반응입니다. 감정이 우리를 지배하게 해서는 안 됩니다.

　이스라엘 백성들은 이집트를 떠나 가나안 땅에 들어가게 되었습니다. 하나님께서는 그 땅을 앞에 두고 열두 명의 정탐꾼을 보내어 땅을 정탐하게 하십니다. 얼마 후 그들이 돌아왔을 때, 그들 중 열 명은 '우리는 그 땅을 차지할 수 없을 것'이라며 부정적으로 말합니다. 그 이야기를 들은 온 백성이 밤새도록 울면서 불평하고, 다시 이집트로 돌아가자고 합니다. 그때 그들의 행위가 하나님을 진노하시게 만들었습니다. 하나님께서는 이렇게 말씀하십니다. "내 삶을 두고 맹세하노라 너희 말이 내 귀에 들린 대로 내가 너희에게 행하리니"(민 14:28). 불신앙의 말을 하면 그 말대로 하겠다고 하십니다. 그러나 여호수아와 갈렙은 믿음의 고백을 합니다. "그 땅은 분명 하나님께서 우리에게 주신 땅입니다. 그러므로 들어가 취할 수 있습니다." 똑같은 상황을 놓고 정반대의 반응을 보였습니다. 결과는 어떻게 되었습니까? 불신앙의 말을 내뱉은 이스라엘 백성들은 그들의 말대로 가나안 땅에 들어가지 못하고 광야의 흙더미 속에 묻혔습니다. 반면에 믿음의 고백을 한 여호수아와 갈렙, 두 사람은 가나안 땅을 밟을 수 있었습니다. 이렇듯 하나님께서는 믿음의 선포를 할 때, 그 믿음대로 되게 하십니다.

　그리스도인은 환경에 지배당하는 자들이 아니라 환경을 다스리는 사람입니다. 원수들은 우리 귀에 속삭입니다. "너는 지금 찬송할 기분이 아니잖아? 무슨 기도를 한다고 그래? 불평해. 원망해. 그게 정당한 거야!"라고 하면서 우리의 의지를 꺾습니다. 그러나 그럴 때마다 우리는 결단하며 나아가야 합니다. "아니야! 이 사탄아. 나는 찬송해야 해!" 그리고 무거운 입술을 열어 주님을 찬송하고 늘어진 손을 모아 손뼉을 치며 주의 이름을 높여야 합니다. 우리가 입술을 열어 하나님을 찬송할 때, 원수들의 조롱은 그칠 줄로 믿습니다.

우리는 본문 말씀에 등장하는 네 개의 단어를 살펴보았습니다. 낙심과 불안, 소망과 찬양입니다. 우리는 마음에 낙심과 불안이 가득할 때, 오히려 소망을 가지고 하나님을 찬양할 수 있습니다. 내 마음이 아프고 낙심되어 절망 가운데 있을 때, 우리는 오히려 전심으로 하나님을 예배할 수 있습니다. 완전히 절망하여 그 어떤 희망도 남아있지 않을 때, 우리는 가장 순수한 예배, 가장 열정 어린 최고의 예배를 드릴 수 있습니다.

바울과 실라는 복음을 전하다가 옥에 갇혔습니다. 그리고 그들은 그곳에서 한밤중에 찬송했습니다. 그들은 찬송할 형편이 아니었습니다. 두 발과 손은 쇠사슬에 묶여있었고, 이제 날이 밝으면 처형될 위기에 놓여 있었습니다. 그러나 그들은 기도하고 찬송했습니다. 온종일 고문을 당해 상처투성이가 된 몸으로 찬송하기를 결단했습니다. 그때 어떤 일이 일어났습니까? 지진이 일어나 쇠사슬이 풀리고 옥문이 열리는 역사가 일어났습니다.

예수님께도 십자가라는 시련의 순간이 있었습니다. 그러나 예수님은 시련의 고통 앞에서도 흔들림 없이 십자가를 향해 한 걸음

씩 나아가셨습니다. 어떻게 그러실 수 있었을까요? 예수님은 고통 뒤에 나타날 부활의 날, 영광의 아침을 바라보셨기 때문입니다.

지금 시련의 모진 바람을 맞고 있습니까? 그 시련 앞에서 낙심되고 하나님의 사랑이 의심됩니까? 예수님을 기억하기를 바랍니다. 예수님은 사망 권세를 이미 이기심으로, 우리가 영적 싸움에서 승리할 수 있도록 길을 열어놓으셨습니다. 그러니 우리 모두 시련 앞에서 낙심하지 말고, 믿음으로 싸워 나아갑시다. 현실보다는 하나님을 바라보고 고난 앞에서 무너지려는 자신을 꾸짖으며, 찬송하지 못할 상황에서도 하나님을 찬송합시다. 그때, 시련의 밤은 물러가고 찬란한 영광의 아침이 우리 앞에 펼쳐질 것입니다. 이와 같은 굳센 믿음으로 어떠한 시련 앞에서도 기죽지 않고 승리하는 우리가 되기를 간절히 바랍니다.

• 13장 •

믿음을 위한 질문, 대답하는 믿음

Q. 나에게 가장 낙심되는 문제는 무엇입니까?
지금 나는 그 문제 앞에서 어떤 단계에 있습니까?

A.

14장
용서하다, 용서할 수밖에 없기에

9 스루야의 아들 아비새가 왕께 여짜오되 이 죽은 개가 어찌 내 주 왕을 저주하리이까 청하건대 내가 건너가서 그의 머리를 베게 하소서 하니 **10** 왕이 이르되 스루야의 아들들아 내가 너희와 무슨 상관이 있느냐 그가 저주하는 것은 여호와께서 그에게 다윗을 저주하라 하심이니 네가 어찌 그리하였느냐 할 자가 누구겠느냐 하고 **11** 또 다윗이 아비새와 모든 신하들에게 이르되 내 몸에서 난 아들도 내 생명을 해하려 하거든 하물며 이 베냐민 사람이랴 여호와께서 그에게 명령하신 것이니 그가 저주하게 버려두라 **12** 혹시 여호와께서 나의 원통함을 감찰하시리니 오늘 그 저주 때문에 여호와께서 선으로 내게 갚아 주시리라 하고 (사무엘하 16장 9~12절)

노벨 문학상 수상자인 러시아의 소설가 알렉산드르 솔제니친(Aleksandr Solzhenitsyn)은 "용서는 인간을 다른 동물과 구별되게 만드는 것이다"라고 했습니다. 동물의 세계에는 철저한 복수만 있지만, 인간 사이에는 용서라는 독특한 능력이 있다는 것입니다.

그런데 사실, 이 세상에 최초로 용서를 도입하신 분은 하나님이십니다. 철저한 보복에 의해 유지되는 타락한 창조 세계 속에, 하나님은 용서라는 새로운 법을 통해 이 세상을 회복시키기를 원하셨습니다. 기독교에서 말하는 구원도 하나님의 용서로부터 시작되었고, 그래서 그리스도인을 한마디로 표현하면 '용서를 아는 사람'이라고 할 수 있습니다.

그러나 우리에게 용서는 여전히 실천하기 힘든 과제로 남아있습니다. 어쩌면 지금도 용서되지 않아서 무거운 마음을 가지고 있을지도 모릅니다. 우리는 용서해야 한다는 것을 알지만, 용서가 되지 않습니다. 그리고 여기에 그리스도인의 고민이 있습니다. 이상한 이야기처럼 들리겠지만, 사실 용서는 나를 위해 하는 것입니다. 용서하지 않으면 내 마음속에 증오심이 싹트고, 이 증오심이 지속되면 마음에 평화가 사라집니다. 그러면 나의 인생은 병듭니다.

우리는 지금까지 여러 인간관계 속에서 용서하기 힘든 일들을 많이 겪었습니다. 어쩌면 지금 겪고 있을 수도 있고, 앞으로 겪을 수도 있습니다. 그렇다면 어떻게 해야 서로 용서하며 살아갈 수 있을까요? 어떻게 하면 우리가 시험에 들지 않고 건강한 믿음생활을 지속할 수 있을까요?

본문에 기록된 사건은 다윗의 생애에서 가장 힘들고 어려웠던 때에 일어났습니다. 자기 몸에서 난 아들이 반란을 일으켜 다급하게 피난을 가던 때입니다. 이 절망의 순간에 사울의 친척 중 한 사람인 시므이가 등장하여 다윗의 마음을 더 아프게 합니다. 본문 앞 절을 보면, 도망치는 다윗과 그의 신하들을 향해 시므이가 돌을 던지며 저주하는 장면이 나옵니다. "피를 흘린 자여 사악한 자여 가거라 가거라 사울의 족속의 모든 피를 여호와께서 네게로 돌리셨도다 그를 이어서 네가 왕이 되었으나 여호와께서 나라를 네 아들 압살롬의 손에 넘기셨도다 보라 너는 피를 흘린 자이므로 화를 자초하였느니라"(삼하 16:7-8).

시므이는 사실이 아닌 말로 다윗을 저주합니다. 신하들과 백성들이 보는 앞에서 모욕합니다. 그렇다면 다윗은 이러한 상황에서 어떻게 대응했을까요? 놀랍게도 그는 침묵합니다.

그 후 시간이 흘러 압살롬의 반란이 평정되었습니다. 백성들은 다윗에게로 돌아왔고, 다윗은 왕좌로 복귀하기 위해 예루살렘으로 돌아왔습니다. 그때 다시 시므이가 다가옵니다. 19장에 보면 그는 급하게 쫓아 내려와 다윗 왕 앞에 엎드려 용서를 빕니다. "내 주여 원하건대 내게 죄를 돌리지 마옵소서 내 주 왕께서 예루살렘에서 나오시던 날에 종의 패역한 일을 기억하지 마시오며 왕의 마음에 두지 마옵소서 왕의 종 내가 범죄한 줄 아옵기에 오늘 요셉의 온 족속 중 내가 먼저 내려와서 내 주 왕을 영접하나이다"(삼하 19:19-20).

이때 다윗은 세 가지 정도의 반응을 보일 수 있습니다. 첫 번째 반응은 잔인하게 복수하는 것입니다. 다윗의 부하인 아비새도 다윗에게 무릎을 꿇고 비는 비열한 시므이를 보며 이렇게 제안합니다. "시므이가 여호와의 기름 부으신 자를 저주하였으니 그로 말미암아 죽어야 마땅하지 아니하니이까"(삼하 19:21). 다윗의 마음을 읽어주는 이야기 같습니다. 이제 다윗에게는 힘도 있고 시므이를 죽일 수 있는 명분도 있습니다. 이런 사람을 죽인다고 해서 비난할 사람은 아무도 없습니다. 잔인하게 복수하는 것, 가장 쉽고 속 시원하게 해결하는 방법입니다. 그리고 아마 대부분의 사람이 원하는 방법일 것입니다.

두 번째 반응은 그를 완전히 무시하는 것입니다. '너 같은 인간과 상대하면 내 격이 떨어진다'며 얼굴을 돌려버리는 방법입니다. 대개 교양이 있다고 하는 사람들이 잘 사용하는 방법입니다. "나는 그 사람을 미워하지 않아!"라는 말은 정말 미워하지는 않지만, 속으로 그를 아예 지워버립니다. 조지 버나드 쇼(George Bernard Shaw)는 "인간의 가장 큰 범죄는 동료를 미워하는 것이 아니라, 그들에게 무관심한 것이다. 그것이 바로 인간에 대한 가장 잔학한 행위다"라고 했습니다. 이렇듯 무관심은 분명 용서가 아닙니다.

세 번째 반응은 분노의 감정을 억누르는 것입니다. 화가 나지만 상대방에게 상처를 주지 않기 위해, 혹은 자신의 화로 인해 상대방에게 보복을 당할까 봐 억지로 참는 것입니다. 이 방법은 믿음이 있다고 생각하는 그리스도인들이 가장 많이 사용하는 방법인 것 같습니다. 그러나 분노의 감정을 억누르면 몸에 병이 생깁니다. 분노를 표출하지 못하고 억제하면 마음은 침묵하는 것 같지만, 몸이 부르짖습니다. 그래서 위장병, 우울증, 성인병 등 각종 질병이 몸에 나타납니다. 그리스도인들은 분노를 억압하면서 그것을 거룩한 성품이라고 생각하지만, 이는 건강한 생각이 아닙니다.

그렇다면 다윗은 어떻게 반응했을까요? 위의 세 가지 중 어떤 반응도 보이지 않습니다. 그리고 네 번째 반응을 선택합니다. "네가 죽지 아니하리라 하고 그에게 맹세하니라"(삼하 19:23). 그냥 용서한 것이 아니라 그 앞에서 맹세까지 합니다. 진짜 용서합니다.

무엇이 다윗으로 하여금 분노의 노예가 되지 않도록 했을까요? 그는 어떻게 자기를 모욕한 시므이를 용서할 수 있었을까요? 더 나아가 우리가 인생에서 분노가 치미는 일들을 마주할 때, 어떻게 하면 다윗처럼 용서하며 살 수 있을까요?

문제를 하나님의 관점에서 볼 줄 알아야 합니다

시므이가 다윗을 저주할 때, 아비새는 그를 단칼에 처치하자고 합니다. 그러자 다윗이 말합니다. "그가 저주하는 것은 여호와께서 그에게 다윗을 저주하라 하심이니 네가 어찌 그리하였느냐 할 자가 누구겠느냐…내 몸에서 난 아들도 내 생명을 해하려 하거든 하물며 이 베냐민 사람이랴 여호와께서 그에게 명령하신 것이니 그가 저주하게 버려두라 혹시 여호와께서 나의 원통함을 감찰하시리니 오늘 그 저주 때문에 여호와께서 선으로 내게 갚아 주시리라"(삼하 16:10-12).

　다윗의 고백 속에서 우리는 두 가지 관점을 발견합니다. 첫 번째 관점은 자기에게 일어난 일이 모두 하나님의 섭리 안에 있음을 믿는 관점입니다. 그는 "여호와께서 그에게 다윗을 저주하라 하심이니"라고 말합니다. "저 사람이 나에게 왜 그런 악의적인 말을 하는지는 모르겠지만, 다 하나님의 뜻이 있어서 내 귀에 들리게 하셨겠지!"라고 생각합니다. 팀 켈러((Timothy J. Keller)가 "아무리 부당한 공격이라도 그 속에 일말의 진실이 있는가를 살펴보라"고 한 것처럼, 다윗은 이해되지 않아도 하나님이 하신 일이라 믿고 그 뜻에 순종하겠다는 절대적인 믿음의 고백을 합니다.

　두 번째 관점은 자신의 억울함을 갚아주실 하나님을 기대하는 관점입니다. 다윗은 "주님께서 나의 원통함을 보시고 오늘 내가 받는 이 저주를 선으로 갚아 주실 것이다"라고 하면서, 하나님께서 자신의 억울함을 갚아주실 것을 기대하고 맡깁니다.

　사실 인간은 자기가 한 대 맞으면 두 대로 돌려줍니다. 자기가 심판자의 자리에 앉습니다. 그러나 우리는 스스로 문제를 해결할 능력이 없습니다. 우리가 스스로 억울함을 갚으면, 결국 또 다른 원수 맺는 일을 낳는 결과를 초래합니다. 그렇기에 우리는 도저히 용서할 수 없는 일을 당할 때, "TIME OUT"을 외쳐야 합니다. 그리고 숨을 고르고 기도해야 합니다. "주님, 저는 이 상황을 해결할 능력이 없습니다. 하나님만이 이 상황을 다루실 수 있음을 믿습니다. 저는 지금 화가 나서 저 사람이 용서되지 않습니다. 그러나 순종하는 마음으로 주님께 맡깁니다. 저의 마음에서 분노가 사라지게 하시고, 저의 모든 원통함을 해결해 주시옵소서." 기도를 통해 우리의 상한 마음을 하나님께 넘겨드릴 때, 우리는 다시 큰 힘을 얻을 수 있습니다.

저는 지금까지 목회하며 깨달은 진리가 있습니다. 내가 도무지 용서할 수 없는 일을 당했다고 할지라도, 절대로 그 문제를 당사자와 해결하려고 하지 말아야 한다는 것입니다. 인간은 자기가 옳고 상대방은 틀렸다고 생각합니다. 그래서 서로 실랑이하면 문제를 풀어낼 가능성은 거의 없습니다. 그러므로 항상 하나님과 해결해야 합니다. 억울한 일을 당할 때는 하나님께 엎드려야 합니다. 그리고 하나님께 모두 고백한 후 조금만 참으면 됩니다. 모든 것을 주님께 맡기는 사람은 하나님께서 분명히 선한 것으로 되갚아주실 것입니다.

나도 용서가 필요한 사람이라는 사실을 기억해야 합니다

다윗도 과거에 도저히 용서받을 수 없는 무시무시한 죄를 저지른 적이 있습니다. 우리아의 아내 밧세바를 취하고 우리아를 전쟁의 최전선에 내보내서 죽게 한 일입니다. 다윗은 그 사건을 분명히 기억했을 것입니다. 그러니 하나님께서 용서하셨다고 하더라도 어떻게 떳떳할 수 있었겠습니까? 그렇기에 시므이를 용서할 수 있었습니다. 우리도 마찬가지입니다. 우리는 우리에게 상처 준 사람을 용서하기 힘들 때, 나에게 용서가 필요했던 때를 기억하는 것이 필요합니다. 그래야 다른 사람을 용서할 수 있습니다.

대개 사람들은 이중 잣대를 가지고 있습니다. 자기에게는 관대하고, 다른 사람에게는 단호합니다. 자기가 잘못한 일은 그럴 수밖에 없었다고 합리화하고, 다른 사람이 잘못한 일은 호되게 비판합니다. 이와 관련하여 심리학에서는, 내가 다른 사람의 잘못을 비판하는 것은 잘못한 일 때문에 괴로워하는 감정이 내 속에 있기 때문이라고 합니다. 용서에 관한 문제도 이와 마찬가지입니다. 내가 남을 용서하지 못하는 이유는, 내 속에 용서받지 못한 부분이 있기 때문에 그것이 다른 사람을 용서하지 못하는 것으로 나타나는 것입니다.

다윗은 죄지은 사람의 심정이 어떠한지 잘 알고 있었습니다. 잘못을 범한 사람의 마음에 찾아오는 아픔을 잘 알았고, 회개 뒤에 따라오는 용서의 기쁨도 알았습니다. 그래서 그는 시므이를 단번에 용서할 수 있었습니다. 반면에 우리의 문제는 무엇입니까? 자기 자신을 한 번도 잘못을 저지르지 않은 사람처럼 생각하는 것입니다. 또한 앞으로도 전혀 잘못을 저지르지 않을 사람인 것처럼 행동하는 것입니다.

피해망상이라는 말을 들어보셨습니까? 피해망상을 가진 사람은 자기가 잘못한 일은 하나도 없고 항상 자기만 억울한 일을 당하며, 또 자기 혼자 손해를 보고 희생한다고 생각합니다. 그러나 그렇지 않습니다. 우리는 모두 과거에 다른 사람의 마음을 아프게 했고,

용서를 구해야만 하는 어리석은 일들을 저질렀습니다. 우리는 이 사실에 대해 솔직해야 합니다. 우리도 시므이가 처한 상황을 겪으면, 똑같이 비열하고 저속할 수 있다는 사실을 인정해야 합니다.

그러므로 다른 사람이 자기 잘못을 용서해주기를 바라면서 정작 자신은 다른 사람의 허물을 용서하지 않는다면, 그리스도인이 될 자격이 없습니다. 자기 자신도 용서가 필요한 존재라는 것을 깨닫고 형제를 용서하는 사람이 되어야 합니다.

상처받지 않도록 자신을 훈련해야 합니다

우리는 다른 사람이 상처 주는 말에 견딜 수 있는 능력을 키워 나가야 합니다. 말하자면, 시므이 같은 사람들이 던지는 돌멩이나 비난의 화살이 날아와도 그것이 뚫고 들어오지 못할 정도로 두꺼운 피부를 만들어야 합니다. 저는 이것이 가능하다고 믿습니다.

다윗이 시므이를 용서할 수 있었던 것은, 타고난 천성이라기보다 오랜 세월 동안 숱한 상처를 받으며 다져진 인격 때문이었습니다. 다윗은 왕이 되기 전 20년 동안 사울 왕에게 쫓겼습니다. 그리고 그 시간 동안 다윗 주변에 모여든 사람들은 "환난 당한 자들과 빚지고 갚지 못한 자, 그리고 마음이 원통한 자들"이었다고 합니다. 빚지고 마음이 원통하고 억울한 일을 당한 사람들의 입에서는 좋은 말이 나올 수 없습니다. 상처투성이인 사람들입니다. 사랑받지 못한 사람들입니다. 억울한 일을 당한 사람들입니다. 이런 사람들은 한

마디를 해도 좋은 말을 하지 못합니다. 그저 불평하는 이야기, 비꼬는 이야기, 비판하는 이야기들뿐입니다. 이런 사람들과 20년 동안이나 함께 생활했으니, 다윗은 많은 상처를 받았을 것입니다. 그러나 그는 그 가운데서 훈련되었습니다. 다양한 충격에도 견뎌낼 수 있을 만큼 강해졌습니다.

우리는 여린 마음에, 누군가에게 기분 나쁜 말을 들으면 밤에 잠을 이루지 못합니다. 누가 나를 험담했다는 소리를 들으면, 교회를 떠나겠다고 합니다. 그러나 강해져야 합니다. 내가 더 강해지는 수밖에 없습니다. 이 세상에서 상처받지 않고 살아갈 수 있는 곳은 그 어디에도 없습니다. 그러니 아파도 부딪혀야 합니다. 상처받지 않으려는 것보다 상처받아도 이겨낼 수 있는 능력을 키워야 합니다.

우리는 앞으로도 살아가면서 시므이 같은 사람과 마주하게 될 것입니다. 그러니 가시밭길을 지나가기 위해서는 두꺼운 신발을 신어야 하듯, 다른 사람을 용서하기 위해서는 어떠한 상처에도 견딜 수 있는 믿음의 튼튼한 신발을 신어야 합니다. 그리고 뒷걸음질 치지 말고 마음을 단단히 먹고 앞을 향해 나아가야 합니다. 누군가가 공격하면 "아, 하나님께서 나를 더 훌륭한 인격을 가진 사람이 되게 하시려고 훈련하시는구나!"라고 생각해야 합니다.

제가 나이가 들어가면서 좋은 점이 있습니다. 그것은 상처를 잘 받지 않는 것입니다. 누가 이상한 소리를 해도 그냥 너털웃음이 나오고 맙니다. 젊을 때는 그러지 못했습니다. 밤에 잠을 설쳤습니다. 그런데 그런 제가 어떻게 상처받지 않게 되었을까요? 오랜 세월 동안 비바람을 견디며 이런 일도 겪고 저런 일도 겪고, 또 이런 말도 듣고 저런 말도 듣다 보니 이젠 잠을 못 이룰 정도로 분노할 일이 없습니다. 웬만한 바람은 산들바람처럼 느껴지는 겁니다.

히브리서 12장 3절을 보면, 히브리서 기자가 우리에게 인내를 가르치며 "죄인들이 이같이 자기에게 거역한 일을 참으신 이를 생각하라"고 했습니다. 하나님께서 우리를 얼마나 참으십니까? 우리가 죄를 짓는 만큼 인내하시고 우리를 용서하십니다. 하나님도 인격체이시기에, 우리가 죄를 지을 때마다 상처받으십니다. 그런데도 하나님은 참으시고 다 용서하십니다. 어떻게 그러실 수 있습니까? 예수 그리스도의 십자가의 피로 하나님의 마음이 코팅되어 있기 때문입니다. 우리의 죄를 죄대로 다 갚으셨다면 우린 죽어도 벌써 죽었습니다. 그러나 그 십자가의 피가 하나님의 마음을 덮고 있기 때문에, 지금도 하나님 앞에 나아가는 자들을 얼마든지 용서하십니다. 예수 그리스도의 피로 맹세하면서 용서하십니다. 이것이 십자가의 용서입니다.

제가 좋아하는 어떤 목사님의 설교 시간에 들었던 예화를 소개하고자 합니다. 소설가 이철환 씨가 쓴 《연탄길》이라는 산문집 3권에 나오는 이야기입니다. 어느 추운 겨울날, 시청에서 근무하는 사회복지사가 출근하려고 육교를 올라가는데, 한 할아버지가 육교 위에서 눈을 치우고 있었습니다. 이 사회복지사가 물었습니다. "할아버지, 힘들지 않으세요?" 할아버지가 대답합니다. "아니, 괜찮아요."

사회복지사가 다시 묻습니다. "할아버지, 왜 이렇게 추운 아침에 나와 힘들게 눈을 치우세요?" 그러자 할아버지가 사연을 들려줍니다. 3년 전 할아버지의 아들이 이 육교 위 빙판길에 넘어져 3년째 의식불명 상태로 누워있다는 겁니다. 그러면서 할아버지는 눈이 오면 아들을 생각하며 혹시라도 아들 같은 사람들이 다칠까 봐 눈을 치우는데, 이것마저 할 수 없다면 세상에 대한 울분을 참지 못할 거라고, 얼음을 떼어내면서 마음의 분노도 떼어내고 울분도 떼어내고 있노라고, 누군가 다치지 않게 눈을 치우고 있노라고 대답했다고 합니다.

우리에게도 앞으로 울분 터지는 일, 용서할 수 없는 일들이 일어날 수 있습니다. 그런 일들 앞에서 우리는 어떤 태도를 보여야 합니까? 용서하지 못하고 분노의 노예가 되어 한 생을 살아가겠습니까? 아니면 내가 겪은 억울함과 분노를 하나님의 관점에서 보고 미움과 분노를 성령님의 도우심으로 하루하루 떼어내면서, 하나님께서 주시는 평강을 누리며 살아가겠습니까?

우리는 하나님께로부터 갚을 길 없는 용서를 받았습니다. 그렇기에 우리에게 있어서 도저히 용서되지 않는 사람들, 과거 나에게 상처를 준 사람들, 나의 성공을 가로막고 나에게 금전적인 손해를 끼치고 실망을 안겨주고 없는 말로 나의 마음에 상처를 준 사람들이 있다면, 이젠 용서해야 합니다. 어떻게 용서할 수 있습니까? 우리의 힘으로는 안 됩니다. 우리에게는 그럴 힘이 없습니다. 성령님의 도우심을 구해야 합니다. 성령님께서 우리의 심령 가운데 용서의 은총을 부어주셔서, 하늘의 평강과 기쁨을 누리게 하시기를 간절히 바랍니다.

• 14장 •

믿음을 위한 질문, 대답하는 믿음

Q. 나에게 용서가 필요했던 때는 언제입니까?

A.

15장

사랑하다, 나를 사랑하시는 주님을

36 한 바리새인이 예수께 자기와 함께 잡수시기를 청하니 이에 바리새인의 집에 들어가 앉으셨을 때에 **37** 그 동네에 죄를 지은 한 여자가 있어 예수께서 바리새인의 집에 앉아 계심을 알고 향유 담은 옥합을 가지고 와서 **38** 예수의 뒤로 그 발 곁에 서서 울며 눈물로 그 발을 적시고 자기 머리털로 닦고 그 발에 입맞추고 향유를 부으니 **39** 예수를 청한 바리새인이 그것을 보고 마음에 이르되 이 사람이 만일 선지자라면 자기를 만지는 이 여자가 누구며 어떠한 자 곧 죄인인 줄을 알았으리라 하거늘 **40** 예수께서 대답하여 이르시되 시몬아 내가 네게 이를 말이 있다 하시니 그가 이르되 선생님 말씀하소서 **41** 이르시되 빚 주는 사람에게 빚진 자가 둘이 있어 하나는 오백 데나리온을 졌고 하나는 오십 데나리온을 졌는데 **42** 갚을 것이 없으므로 둘 다 탕감하여 주었으니 둘 중에 누가 그를 더 사랑하겠느냐 **43** 시몬이 대답하여 이르되 내 생각에는 많이 탕감함을 받은 자니이다 이르시되

> 네 판단이 옳다 하시고 44 그 여자를 돌아보시며 시몬에게 이르시되 이 여자를 보느냐 내가 네 집에 들어올 때 너는 내게 발 씻을 물도 주지 아니하였으되 이 여자는 눈물로 내 발을 적시고 그 머리털로 닦았으며 45 너는 내게 입맞추지 아니하였으되 그는 내가 들어올 때로부터 내 발에 입맞추기를 그치지 아니하였으며 46 너는 내 머리에 감람유도 붓지 아니하였으되 그는 향유를 내 발에 부었느니라 47 이러므로 내가 네게 말하노니 그의 많은 죄가 사하여졌도다 이는 그의 사랑함이 많음이라 사함을 받은 일이 적은 자는 적게 사랑하느니라

(누가복음 7장 36~47절)

모태신앙인 제가 교회에 가나, 집에 있으나 가장 많이 들었던 말은 죄짓지 말라는 것이었습니다. 하나님은 거룩하신 분이니 하나님의 자녀도 절대로 죄를 지어서는 안 된다는, 뭐 백번 지당한 말씀을 들으며 자랐습니다. 그래서 저는 죄를 짓지 않으려고 발버둥 쳤습니다. 죄를 짓고 나면 하나님께로부터 버림받은 것 같아서, 그 느낌이 너무 싫었습니다. 죄를 지었을 때는 가슴을 쥐어뜯으며 회개도 하고, 죄를 멀리하기 위해 죄를 지을 때마다 한 끼씩 굶어보기도 했습니다. 또 수련회에 가면 죄를 이길 능력을 얻기 위해, 일과가 끝난 후 혼자 산에 올라가 밤새도록 소나무 뿌리를 붙잡고 기도하기도 했습니다. 그러나 며칠이 가지 않아 또 죄를 짓는 자리에 서 있는 저 자신을 보면서 '나는 참 구제 불능이구나'라고 생각했습니다.

그러다 보니 신앙생활을 하면서도 하나님과 저 사이에는 늘 보이지 않는 장벽이 있었고, 저에게 있어서 하나님은 가까이 다가갈 수 없는 무서운 분이었습니다.

교회 안에는 하나님을 잘못 이해하고 있는 두 부류의 신앙인이 있는 것 같습니다. 하나는 율법주의적 성향의 신앙생활을 하는 부류입니다. 이런 사람들은 교회가 제공하는 모든 집회에 빠지지 않고 참여합니다. 각종 훈련도 받고, 교회 직분을 받아서 열심히 봉사도 합니다. 그래서 어떤 정형화된 틀인 예배, 훈련, 봉사, 전도 같은 신앙의 행위를 실천함으로 만족감을 느낍니다.

또 다른 하나는 반율법주의적인 성향의 부류로, 율법주의와는 정반대입니다. 하나님은 사랑이 많으신 분이기 때문에 내가 어떤 모습으로 살아가도, 심지어 죄를 지어도 다 이해하시고 무조건 사랑하실 거라고 자기 암시를 하면서 죄에 대한 어떤 가책도 느끼지 않으려고 하는 사람입니다.

율법주의와 반율법주의, 사실 이 두 부류는 전혀 다른 것 같아도 그 뿌리가 같습니다. 두 가지 면에서 설명할 수 있는데 하나는 하나님과 상관없이 자기 스스로 기준을 세워놓았다는 것이고, 또 하나는 하나님의 말씀에 대한 순종을 하나님께서 주신 무거운 짐으로 본다는 것입니다. 이는 자칫하면 하나님을 섬긴다고 하면서 자기에게 맞는 하나님을 스스로 만들어놓고 그 하나님을 섬기고 있을 수 있습니다.

본문에는 두 사람이 소개됩니다. 아주 극명하게 대조되는 시몬과 마리아입니다. 마리아라는 이름은 다른 복음서에도 기록되어 있습니다. 시몬은 바리새인으로서 당시 종교 지도자였고, 마리아는 몸을 파는 여자였습니다. 또 시몬은 성경을 가르치는 일을 주업으로 했고, 마리아는 율법을 어기는 일을 주업으로 했습니다. 누가 더 경건할까요? 물으나마나 시몬입니다. 게다가 시몬은 예수님을 초청한 사람이고, 마리아는 예수님을 초청할 만한 신분이 아닙니다.

어느 날 시몬의 집에 초청받으신 예수님 앞에, 느닷없이 초대받지 않은 불청객이 불쑥 나타납니다. 바로 마리아입니다. 이 여인은 예수님을 보자마자 예수님의 발을 눈물로 적시고 자기 머리카락으로 닦으며 향유를 붓습니다. 그리고 예수님의 발에 입을 맞추는 일을 그치지 않습니다. 시몬은 이 장면을 볼 때, 그 여인이 얼마나 못마땅했을까요? 그때 예수님께서 시몬을 향해 짧은 비유의 말씀을 해주십니다.

두 사람이 빚을 졌습니다. 한 사람은 500만 원, 한 사람은 50만 원입니다. 돈을 빌려준 사람은 두 사람 모두 갚을 능력이 없는 것을 알고, 그들의 빚을 면제해주었습니다. 예수님이 물으십니다. "누가 면제해준 사람을 더 사랑하겠느냐?" 시몬이 대답합니다. "그거야 당연히 많이 면제받은 사람 아니겠습니까?" 그러자 예수님이 말씀하십니다. "이 여자를 보느냐? 너는 내가 들어왔을 때 발 씻을 물도 주지 않았지만, 이 여자는 눈물로 내 발을 적시고 머리카락으로 닦아 주었다. 너는 내가 들어왔을 때 반가움의 입맞춤도 하지 않았지만, 이 여자는 줄곧 내 발에 입 맞추기를 그치지 않았다. 너는 내 머리에 아무 기름도 발라 주지 않았으나, 이 여자는 향유를 내 발에 부었다."

그리고 마리아가 왜 이런 지나친 행동을 했는지 설명하십니다. 그것은 그녀가 하나님 앞에 얼마나 큰 죄인인가를 깨달았기 때문이고, 그녀의 죄가 용서받았다는 감격이 컸기 때문이라고 하십니다. 그 감격이 고스란히 '사랑'이라는 형태로 나타난 것입니다. 그러나 시몬에게는 그런 감격이 없었습니다. '내가 얼마나 끔찍한 죄인인지, 그래서 용서가 얼마나 절박한 존재인지'에 대한 인식이 없었습니다. 그런 감격이 없기에 그 어떤 사랑의 행위도 나타낼 수 없었던 것입니다.

사실 마리아가 보인 행동은 시몬이 했어야 합니다. 그는 종교 지도자였고 성경을 가르치는 교사였으며, 누구보다도 하나님을 잘 아는 신학자였습니다. 그러나 놀랍게도 시몬은 예수님께 대해 무정했고 예수님과 거리를 두었습니다. 그렇다면 마리아는 어떠해야 마땅합니까? 예수님을 피해야 합니다. 거룩하신 예수님께 감히 더러운 몸으로 다가갈 수 없었을 겁니다. 그러나 이들은 뒤바뀌었습니다. 한 사람은 마땅히 예수님께 다가가야 하는데 거리를 두었고, 다른 한 사람은 예수님께 다가가서는 안 되는데 돌진했습니다. 무엇이 이 두 사람으로 하여금 다른 행동을 하게 했을까요?

죄인을 용서하신 사랑을 알아야 합니다

시몬은 자기가 만들어 놓은 믿음생활의 틀에 만족하고 있었지만, 마리아는 목마른 사람이었습니다. 죄책감으로 목말랐고 후회로 목말랐으며, 진정한 사랑에 목말랐습니다. 비록 율법대로 살지 못하는 삶을 살고 사람들에게 손가락질당하는 삶을 살고 있었지만, 그럴수록 이 여인의 가슴에는 용서에 대한 갈증, 은혜에 대한 갈증이 타올랐습니다. 그래서 그녀는 예수님 발 곁에 서서 눈물로 예수님의 발을 적시고, 자기 머리털로 닦고, 그 발에 입을 맞추며 향유를 부었습니다. 사랑받을 수 없는 자이기에 예수님의 사랑이 더 간절했습니다. 그런데 이 여인의 간절한 마음에 예수님의 사랑이 부어집니다. 그 사랑이 마리아의 영혼 구석구석까지 흘러내립니다. 예수님이 말씀하십니다. "네 죄 사함을 받았느니라"(48절).

그러나 시몬은 어떠했습니까? 자신이 목마른 사람인 것도 깨닫지 못했습니다. '은혜'가 무엇인지 분석하고 있었고 '사랑'이라는 주제를 놓고 토론하고 있었습니다. 시몬은 용서받지 못할 사람이 아니라, 결코 용서를 구하지 않는 사람이었습니다. 마리아가 예수님께로부터 사랑을 받아 마시는 동안, 시몬의 가슴은 점점 더 메마른 광야가 되었습니다.

이 이야기는 죄를 많이 짓는 자가 하나님의 사랑을 더 많이 깨닫는다는 이야기가 아닙니다. 내가 하나님 앞에 얼마나 부끄럽고 수용되기 힘든 죄인인지를 절박하게 깨달아야 한다는 것입니다.

우리가 왜 예수를 믿어도 마리아와 같은 감격이 없습니까? 죄에 대한 심각성을 인지하지 못하기 때문입니다. 조금만 노력하면 하나님의 말씀에 순종할 수 있다고 믿기 때문입니다. 물론 우리 힘으로 잠깐은 순종할 수 있습니다. 한두 번은 할 수도 있고 시몬처럼 예수님이 들어오시도록 문을 열어드릴 수는 있습니다. 최소한의 예의도 갖출 수 있고, 거실까지는 들어오시도록 할 수 있습니다. 그러나 마리아처럼 예수님의 발에 입을 맞출 수는 없습니다.

부끄러운 고백입니다만, 저는 오랜 시간이 지난 후에야 하나님의 말씀에 순종할 수 있는 힘은 수십 번 수백 번 결심하는 데서 생겨나는 것이 아니라, 하나님을 사랑하는 데서부터 나온다는 것을 깨닫게 되었습니다. 그리고 인간은 아무리 애를 써도 또 죄를 지을 수밖에 없는 구제 불능의 존재라는 사실을 깨닫고 나서야, 비로소 마리아의 행위가 이해되었습니다.

우리가 신앙생활을 하면서 끊임없이 물어야 할 질문은, 제자훈련을 받았는가? 십일조를 잘하는가? 교회 직분을 잘 감당하는가? 전도는 몇 명을 했는가? 하는 질문이 아닙니다. "나 같은 죄인을 구원해주신 은혜에 대한 감격이 있는가?" 그래서 "나는 하나님을 사랑하는가?" 바로 이 질문이 그리스도인이 물어야 할 근본적인 질문입니다. 여기서부터 우리의 신앙생활이 시작됩니다. 모든 신앙생활의 동력은 하나님을 사랑하는 데서부터 시작됩니다.

제가 군대를 제대한 지 벌써 34년이 되었습니다. 저는 육군 병장으로 제대했는데, 제가 군 복무할 때 휴가를 마치고 부대로 귀대하는 시간은 오후 5시였습니다. 저는 전방부대에서 근무했기에, 귀대에 늦지 않기 위해서는 부대 근처까지 1~2시간 일찍 와야 했습니다. 그러나 저는 일찍 도착해도 절대 부대 안으로 들어가지 않았습니다. 귀대 시간 1분 전까지 부대 밖에서 서성였습니다. 사실 1시간 일찍 들어가나 1분 전에 들어가나 다를 게 없습니다. 그런데 왜 그랬을까요? 가기 싫은 군대, 내가 원해서 간 군대가 아니기 때문입니다.

우리가 하나님께 순종하는 일에 미온적이고, 또 순종하는 일이 무거운 짐처럼 느껴지는 이유는 무엇입니까? 우리는 자기 자신에게 진지하게 물어보아야 합니다. "나는 과연 하나님을 사랑하는가?" 더 나아가 "나 같은 구제 불능의 죄인을 구원해주신 하나님의 사랑에 대한 감격이 있는가?"

본문에 등장하는 시몬을 보면, 당시 유대인들이 어떻게 하나님을 섬겼는지 짐작할 수 있습니다. 당시 이스라엘 백성들은 하나님을 섬기기 위한 열정이 남달랐습니다. 그래서 율법을 지키기 위해 600개가 넘는 규정을 만들었습니다. 예를 들어 '안식일에는 어느 정도까지 무거운 것을 들 수 있는가? 안식일에는 얼마나 멀리까지 걸어갈 수 있는가?' 같은 규정으로 하나님을 잘 섬기느냐, 그렇지 못하느냐를 따졌습니다. 참 눈물 날 정도로 자세하게 하나님을 섬겼습니다. 그러나 하나님은 그런 것을 바라지 않으셨습니다. 하나님께서 바라신 것은 사랑이었습니다. 이스라엘 백성들이 마음을 다해 하나님 사랑하기를 바라셨습니다. 그러나 그들은 사랑을 드리는 대신, 형식을 갖추는 일에 집중했습니다.

하나님께서는 우리가 형식적으로 섬기는 일을 못 견뎌 하십니다. 왜 그러실까요? 한번 생각해봅시다. 만약 우리가 이런 마음이라면 어떻겠습니까? "하나님, 걱정하지 마세요. 제가 지금까지 매 주일 교회에 나왔는데, 제가 그렇다고 이제 와서 절에 가겠습니까, 성당에 가겠습니까? 매 주일 빠지지 않고 교회에 나올 테니 걱정하지 마세요. 헌금도 계속하겠습니다. 봉사도 그냥 하면 되는 것 아닙니까? 그러나 제게 사랑은 기대하지 마세요."

이것이 우리 신앙의 모습이 아닙니까? 사랑이 없어도 얼마든지 예배드릴 수 있고 사랑이 없어도 얼마든지 목사 노릇을 할 수 있으며, 사랑이 없어도 봉사도 하고 전도도 할 수 있습니다. 그러나 사랑이 빠진 숱한 헌신과 희생은 의미가 없습니다. 하나님께 대한 순종은 하나님의 사랑에 대한 반응이어야 합니다. 하나님께서 원하시는 것은 우리의 마음입니다.

사랑의 마음이 담기면, 놀라울 정도로 우리의 행동에 변화가 옵니다. 저는 집에서 그런 기적을 보았습니다. 저희 집에는 개 한 마리가 있습니다. 제 아내는 원래 개를 싫어했습니다. 털 날리고 알레르기가 생기고 또 주사 맞히느라 돈이 들고 배설물을 치우는 일도 결국 아내의 몫이 될 것이기에, 아이들이 개를 키우자고 했을 때 끝까지 반대했습니다. 그런데 대반전이 일어났습니다. 아내가 개를 예뻐하는 것입니다. 개를 부를 때는 음성마저 변조됩니다. "에구 내 새끼, 내 새끼"라고 말합니다. 제 아내가 왜 이렇게 변했을까요? 사랑하는 마음이 생겼기 때문입니다. 사랑하니까 털도 배설물도 아무 문제가 되지 않더라는 겁니다.

　연애도 마찬가지입니다. 저는 미국에서 공부하는 동안 결혼했습니다. 그래서 저는 결혼 날짜를 잡아놓고는 하루가 멀다고 편지도 보내고, 기타를 치며 사랑 노래를 녹음하여 우편으로 보냈습니다. 지금 생각하면 그때 내가 왜 그런 율법을 지켰나 싶습니다. 왜 그랬을까요? 사랑입니다. 마리아가 예수님의 발에 향유를 붓는 일도 어떻게 설명할 수 있습니까? 사랑밖에는 달리 설명할 단어가 없습니다.

　나의 신앙생활의 기준은 무엇입니까? 혹시 시몬처럼 나름대로 선을 그어놓고 "내가 이만큼이라도 믿음생활하면 됐지, 뭘 더 해야 하는데? 그래도 남들은 안 하는 봉사는 하잖아?"라고 생각하는 것은 아닌지 모르겠습니다.

　제가 섬기는 교회에는 많은 직분자가 있습니다. 저는 그분들에게 "헌금 생활을 제대로 하십시오" "주중 집회에 좀 나와서 함께 기도합시다" 같은 이야기를 잘 하지 않습니다. 그러나 솔직하게 털어놓자면, 가끔 제 마음에 불안감이 몰려올 때가 있습니다. 물론 주중 집회에 나오면 하나님을 사랑하는 거고, 안 나오면 하나님을 덜 사랑한다고 단언할 수는 없지만 "정말 우리 교회 성도들은 하나님을 사랑할까? 사랑한다면 얼마만큼 사랑할까? 사랑에는 끝이 없는데 혹시 스스로 선을 그어놓고 '뭐 이만큼 신앙생활을 하면 되겠지' 하다가 나중에 예수님 앞에 섰을 때 부끄러움을 당하지는 않을까?"라는 생각에 두렵습니다.

우리는 정말 하나님을 사랑합니까? 사랑한다면 얼마나 사랑합니까? 하루 중 우리의 머릿속을 제일 많이 채우는 생각은 무엇입니까? 하나님의 생각입니까, 아니면 돈 벌 궁리입니까? 저는 스스로 이런 질문을 던졌습니다. "너는 하나님을 사랑하느냐? 얼마나 사랑하느냐?" 목사가 골프를 칠 수 있을까요? 목사가 주식을 할 수 있을까요? 할 수 있습니다. 그러나 저는 하지 않습니다. 이유는 간단합니다. 제 마음이 하나님보다 골프에, 주식에 뺏길까 봐 그게 두려워서 하지 않습니다.

마찬가지로 "직장생활을 하면서 술을 마셔야 하느냐, 거절해야 하느냐?" "빠듯한 살림에 십일조를 해야 하느냐, 말아야 하느냐?" "기도회에 나와야 하느냐, 말아야 하느냐?"라는 질문에 답을 해봅시다. 그리고 다른 데서 답을 찾지 맙시다. 우리가 물어야 할 질문은 단 한 가지입니다. "내가 하나님을 사랑하는가?" 우리의 모든 신앙 행위를 달아볼 수 있는 기준은 오직 하나입니다. "나는 하나님을 얼마만큼 사랑하는가?"입니다. 다시 스스로에게 물어봅시다. 나는 하나님을 사랑합니까?

하나님께로부터 사랑이 주어져야 합니다

또 한 가지, 하나님을 사랑하는 일에 있어서 우리가 알아야 할 중요한 진리가 있습니다. 우리 안에는 하나님을 사랑할 힘이 없다는 것입니다. 저는 수십 년 동안 이 문제로 씨름했습니다. 내 입술로 하나님을 사랑한다고 수만 번 고백해보고, 하나님의 말씀에 순종하려고 발버둥 쳐보기도 했습니다. 그러나 번번이 실패했습니다. 그리고 그 후에 깨달았습니다. 내 안에는 하나님을 사랑할 힘조차 없는, 철저하게 영적으로 파산한 존재라는 것을 알았습니다.

우리가 하나님을 사랑하기 위해서는 단 하나의 방법밖에 없습니다. 하나님께로부터 사랑이 주어져야 합니다. 이 진리에 대해 맥스 루케이도는 '사랑의 계좌'라는 표현으로 설명합니다. 지금 내 계좌에는 잔액이 1원도 남아있지 않습니다. 계좌에 돈이 쌓이려면 돈을 입금해야 합니다. 마찬가지로 하나님을 사랑하려면 먼저 하나님께로부터 사랑을 받아서 우리 계좌를 채워야 합니다. 그래야 그 사랑을 인출할 수 있습니다.

그렇다면 어떻게 해야 합니까? 오직 한 가지입니다. 마리아처럼 예수님의 발 앞에 엎드려야 합니다. 교회 직분도, 신앙 연륜도, 과거에 하나님께 드렸던 헌신도, 알량한 체면도 다 내던져버리고 마리아처럼 주님께 엎느려야 합니다. 그리고 사랑을 구해야 합니다. "예수님, 목마릅니다. 내게 사랑을 부어주시옵소서."

십자가 위에서 이루신 하나님의 사랑, 그 사랑이 우리 마음에 먼저 부어짐으로 우리가 얼마나 추악하고 더러운 죄인인지 깨달아야 합니다. 우리가 마땅히 달려있어야 할 십자가에는 하나님의 아들이 대신 달리셨고, 우리가 받아 마셔야 할 하나님의 심판의 쓴 잔을 예수님이 대신 받아 마셨습니다. 우리는 받을 자격이 없는데, 구원의 은혜를 받았습니다. 우리에게는 이러한 감격이 있습니까?

예수님은 디베랴 바닷가에 있는 실패한 제자들을 찾아오셨습니다. 그리고 그들의 믿음을 회복시켜주셨습니다. 어떻게 하셨습니까? 질문을 던지셨습니다. "요한의 아들 시몬아, 네가 나를 사랑하느냐?"

우리도 마리아처럼 예수님의 발 앞에 무릎 꿇기를 원합니다. 우리는 구제 불능의 죄인이지만, 그럼에도 불구하고 우리를 사랑하시는 예수님 앞에 감격의 눈물로 예수님의 발을 적시고, 우리의 머리털로 예수님의 발을 씻으며 입 맞추기를 바랍니다. 마리아와 같이 하나님의 사랑에 목말라 할 때, 그 사랑이 우리 마음에 부어짐으로 차고 넘치게 될 줄 믿습니다. 오직 사랑이 동기가 되어, 하나님을 섬기고 이웃을 섬기고 교회를 섬기는 사랑의 사람이 되기를 간절히 바랍니다.

• 15장 •

믿음을 위한 질문, 대답하는 믿음

Q. 내가 받은 하나님의 사랑은 무엇인지 정리해보고, 하나님을 향한 사랑의 고백을 적어봅시다.

A.

국제제자훈련원은 건강한 교회를 꿈꾸는 목회의 동반자로서 제자 삼는 사역을 중심으로 성경적 목회 모델을 제시함으로 세계 교회를 섬기는 전문 사역 기관입니다.

질문하는 믿음

초판 1쇄 인쇄 2022년 11월 22일
초판 1쇄 발행 2022년 12월 5일

지은이 박희석

펴낸이 오정현
펴낸곳 국제제자훈련원
등록번호 제2013-000170호(2013년 9월 25일)
주소 서울시 서초구 효령로68길 98(서초동)
전화 02)3489-4300 **팩스** 02)3489-4329
이메일 dmipress@sarang.org

저작권자 (C) 박희석, 2022, Printed in Korea.
이 책은 저작권법에 의해 보호를 받는 저작물이므로 저자와 출판사의 허락 없이
내용의 일부를 인용하거나 발췌하는 것을 금합니다.

ISBN 978-89-5731-860-7 03230

※ 책값은 뒤표지에 있습니다. 잘못된 책은 구입하신 곳에서 교환해드립니다.